“东亚地区人类起源问题综合研究”系列

重庆巫山龙骨坡遗址图鉴

发现

发掘

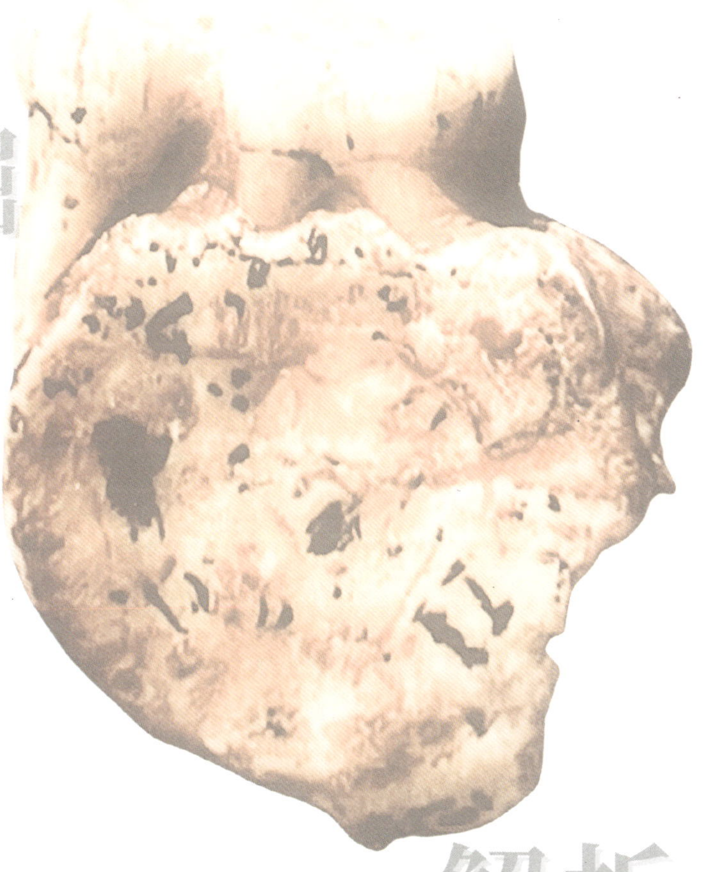

解析

中国科学院古脊椎动物与古人类研究所
重庆中国三峡博物馆
武汉大学
重庆地质调查院
巫山博物馆
编

黄万波　侯亚梅　魏光飚
廖汝雪　吴　雁　李英华
著

WUHAN UNIVERSITY PRESS
武汉大学出版社

图书在版编目(CIP)数据

重庆巫山龙骨坡遗址图鉴：发现·发掘·解析/黄万波等著. -- 武汉：武汉大学出版社，2025.9. -- “东亚地区人类起源问题综合研究”系列. -- ISBN 978-7-307-25265-3

Ⅰ. K878.02

中国国家版本馆 CIP 数据核字第 202572TY71 号

责任编辑:李　程　　　责任校对:鄢春梅　　　版式设计:藏远文化

出版发行:**武汉大学出版社**　(430072　武昌　珞珈山)

(电子邮箱:cbs22@ whu.edu.cn 网址:www.wdp.com.cn)

印刷:湖北金港彩印有限公司

开本:880×1230　1/16　印张:9　字数:155 千字　插页:2

版次:2025 年 9 月第 1 版　2025 年 9 月第 1 次印刷

ISBN 978-7-307-25265-3　定价:99.00 元

本书是国家社科基金重大项目
“东亚地区人类起源问题综合研究”
（项目编号24&ZD304）阶段性成果之一

本书出版得到
武汉大学历史学院、巫山博物馆（三峡集团扶持项目）经费支持

序

重庆巫山龙骨坡遗址（以下简称龙骨坡遗址）位于长江南岸重庆市巫山县庙宇镇新城村（原龙坪村），1984 年由中国科学院古脊椎动物与古人类研究所和重庆自然博物馆组织的考察队在当地村民指引下发现。后经五轮（1985—1988、1997—1998、2003—2006、2011—2012、2023—2024）系统有序的发掘，出土了东亚地区迄今最早的古人类化石，该遗址也是迄今亚洲时代最早、内涵最丰富的古人类遗址。龙骨坡遗址的发现是近 40 年来东亚史前文化研究领域的一项重大突破，在人类起源与旧石器考古研究领域具有深远的影响，1996 年该遗址被列为第四批全国重点文物保护单位。1991 年，中国科学院地质研究所刘椿等用古地磁法测定含“巫山人”化石的龙骨坡遗址第 8 水平层的地质时代为距今 204 万年。之后，分别由中国地震局地质研究所韩非（现云南大学）等用电子自旋共振法和铀系法测年技术对龙骨坡遗址不同层位的样品进行了系统的年代测定，结果表明含石制品的第 13 水平层距今约 250 万年，含人类化石的第 8 水平层距今约 220 万年。2023 年，中国科学院地质与地球物理研究所邓成龙、东华理工大学孙蕗等利用古地磁法对龙骨坡遗址进行的最新测年结果表明，该遗址文化层的地质时代介于距今 250 万—200 万年之间。

龙骨坡遗址虽遗存丰富、研究成果很多，但由于历次发掘资料比较分散，材料研究程度不等，而且其间涉及中外合作，沟通协调不足。就研究成果而言，除了第一轮撰写的《巫山猿人遗址》外，其余散见于国内外学者发表的近 50 篇文章，尚未形成各门类完整的综合性研究著作，难以满足学界深入研究亚洲早期人类起源及其文化特色等重大学术问题的需要。因此，较全面地整理该遗址发掘的所有资料，公布所有遗存信息，运用跨学科方法对人类化石的属性进行定位，揭示龙骨坡石器技术的特征和“龙骨坡动物群”生物地层的科学意义势在必行。归纳起来，围绕龙骨坡遗址资料整理至少有四个分册可以完成，内容分别是龙骨坡遗址研究文集、龙骨坡遗址发现、发掘、解析图鉴、哺乳动物化石整理报告、石制品综合整理研究报告。

本书是其中一个分册，正式书名为《重庆巫山龙骨坡遗址图鉴：发现·发掘·解析》，以图像为重点，了解其内涵。全图鉴分为三个部分：龙骨坡遗址的发现、龙骨坡遗址的发掘、结语。这三个部分通过图文结合的方式，展现遗物的出土时间、场景、地层和所在探方位置，使读者有身临其境的感觉。

由于时间久远，资料遗失，本图鉴在编写过程中遇到了无法回避的困难，尤其是第一轮发掘（1985—1988）中的图片资料多为胶片而且以黑白片居多，依当前的出版要求必须转换成数码片方可用于出版。在这种情况下只能尽力转换数码片，同时从遗址的实际情况出发，再结合当年的收藏资料弥补图片上的不足，尽力完成编写工作。

提到编写，还得多述一笔。由于本图鉴是以五轮发掘资料编写而成的，而参加了五轮发掘的人员达数十人，除本书第一作者黄万波先生参加了五轮发掘外，其余大多只参加过其中一轮，如果分头撰写，文笔、语调难以统筹，更为重要的是，各轮之间难以衔接，所以经协商讨论，还是以第一人称的叙述方式把五轮发掘连贯起来，构成了如今的版本。本书从一个侧面反映了长江流域大三峡地区的龙骨坡的面貌，它是史前文化的源点、东亚型人的原乡，更是中华远古人类起源的根系之一。

Introduction

Situated in Xincheng Village, Miaoyu Town, Wushan County, Chongqing City, along the southern bank of the Yangtze River, the Wushan Longgupo Hominid Site was discovered in 1984 by a united archaeological team of the Institute of Vertebrate Paleontology and Paleoanthropology, Chinese Academy of Sciences and Chongqing Natural History Museum. After five phases of systematic excavation (1985–1988, 1997–1998, 2003–2006, 2011–2012, 2023–2024), the Longgupo Site has yielded the earliest hominid fossil found in East Asia, establishing itself as one of the oldest and richest early human sites in East Asia. The discovery of the Longgupo Site represents a major breakthrough in East Asian prehistoric cultural research over the past 40 years, having far-reaching implications for the study of human origins and Paleolithic archaeology. In 1996, it was inscribed as a part of the fourth batch of Major Historical and Cultural Sites Protected at the National Level. In 1991, Liu Chun and others from the Institute of Geology, Chinese Academy of Sciences used paleomagnetic dating to determine that the geological age of Level 8 of the Longgupo Site which contains Wushan hominid fossil, is 2.04 million years. Subsequently, Han Fei and others (from Yunnan University), formerly serving at the Institute of Geology, China Earthquake Administration, conducted systematic dating of samples from different levels at the Longgupo Site using Electron Spin Resonance (ESR) and Uranium-series (U-series) dating techniques. The results indicate that Level 13, which contains lithic artifacts, dates back to approximately 2.5 million years ago, while Level 8, where hominin fossils were discovered, dates back to around 2.2 million years ago. The latest dating results using paleomagnetic methods by Deng Chenglong's team from the Institute of Geology and Geophysics, Chinese Academy of Sciences, and Sun Lu from School of Earth Science, East China University of Technology indicate that the geological age of the site's cultural layers range between 2.5–2.0 million years.

Although abundant cultural remains have been discovered at the Longgupo Site with numerous research findings, the excavation data from different phases remains scattered. Moreover, the uneven level of material analysis and issues of limited communication and coordination, especially regarding international collaborations, have further complicated the research process. In terms of research outcomes, aside from the *The Wushan Hominid Site* written after the initial excavation, other findings have been scattered across nearly 50 papers published by both domestic and international scholars. Additionally, until now, no comprehensive, systematic study encompassing all categories of materials has been published. This makes it impossible to satisfy the needs of current scholars to further research on major issues such as the origins of early humans in Asia and the cultural characteristics associated with them. Therefore, it is of scientific significance to comprehensively compile all excavation data from the site, publish the complete information on cultural remains, use interdisciplinary methods to determine the characteristics of the human fossils, and reveal the technological features of the Longgupo lithic industry as well as the scientific significance of the "Longgupo Fauna" in biostratigraphy. In summary, the collated materials from the Longgupo Site can be compiled into at least four volumes, the contents of which are as follows:

1. Collection of Papers on the Wushan Longgupo Hominid Site;
2. An Illustrated Atlas of the Longgupo Site: Discovery, Excavation, and Analysis;
3. Mammalian Fossils;
4. Comprehensive Study of Stone Artifacts.

This illustrated guide, entitled *An Illustrated Atlas of the Longgupo Site: Discovery, Excavation and Analysis,* is one of the volumes in the series, with a focus on conveying its contents through visual materials. The book is divided into three parts: 1) The Discovery of the Wushan Longgupo Site, 2) The Excavation of the Wushan Longgupo Site, and 3) Conclusion. Through the combination of text and images, it presents the unearthing time of the artifacts, scenes, stratigraphy, and locations, giving readers an immersive experience.

The compilation process presented unique editorial challenges. Given the extensive timeframe and multiple excavation phases involved, most of the photographic materials from the first excavation (1985–1988) were taken on film, primarily in black and white. According to current publication standards, these images must be converted into digital format before they can be used for printing. Under these circumstances, we have made every effort to digitize the original images. At the same time, we have supplemented the visual materials by referencing the actual conditions of the site and incorporating relevant artifacts preserved from that period, in order to compensate for the limitations of the original photographs and to the best of our ability complete the compilation of this volume.

It is also worth elaborating on the process of writing this volume. This illustrated guide was compiled based on data from all five excavation campaigns. Over the course of these excavations, numerous researchers participated. Apart from Mr. Huang Wanbo, the first author of this book, who was involved in all five phases of excavation, the majority of the members participated in only one phase. If the writing had been divided among multiple contributors, it would have been hard to maintain a consistent style and tone, and even harder to ensure the smooth continuity across the five excavation phases. After discussion, it was ultimately decided that the entire narrative would be presented in the first person, allowing the five phases of excavation to be coherently integrated into a single, unified narrative, thus forming the present version of the book.

This volume offers, from one perspective, a reflection on Longgupo in the Three Gorges Region of the Yangtze River Basin—a site that represents not only a cradle of prehistoric culture and a homeland of East Asian humans, but also one of the roots of ancient human origins in China.

目录

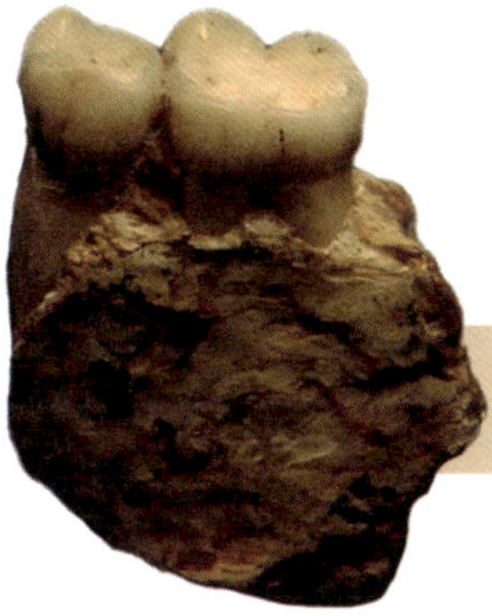

龙骨坡遗址的发现

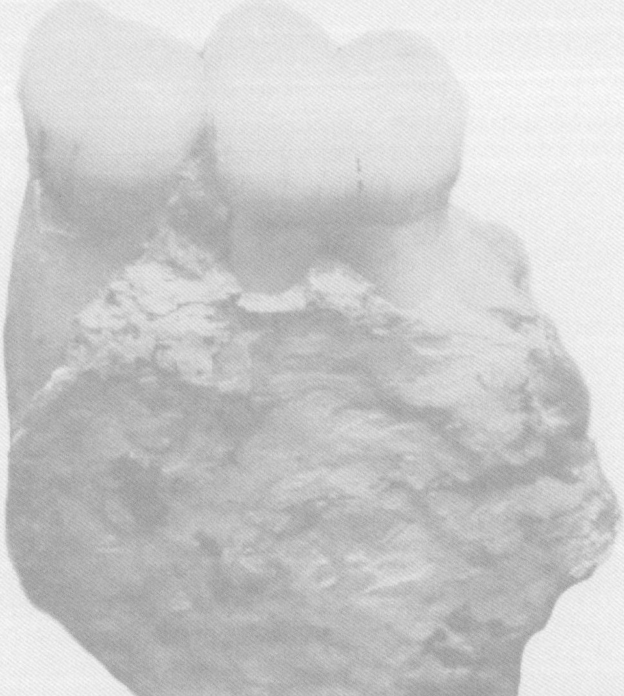

“化石猎人”的启迪

龙骨坡遗址的发现要从万州盐井沟的考察叙起。

1958 年，我[①] 在周口店北京猿人遗址工作期间，为了解遗址的历史背景，在查阅参与过周口店研究工作的老一辈科学家资料时，一位美国古生物学家葛兰阶（Walter Granger）（图 1.1）不经意地进入了我的视野。后经裴文中先生对此人的描述，我了解到，葛氏是一位资深古生物学家，寻找化石经验十足，故大家称之曰“化石猎人”。裴先生的讲授让我大开眼界，葛氏还是“中亚考察团”成员（图 1.2），到北平（今北京）后对周口店鸡骨山和第 1 地点作过考察、研究；他对欧文（Owen）1870 年命名的来自四川重庆的第四纪哺乳动物化石——东方剑齿象（*Stegodon orientalis*）、中国犀（*Rhinocers sinensis*）、中国貘（*Tapiru sinensis*）等很感兴趣，在与同仁的闲聊中又知晓了当时美国在“四川领事机构”的工作人员 J. L. Smith 提供的重庆万县（今万州）盐井沟出产“龙骨”的信息。

图1.1　葛兰阶（Walter Granger）

图1.2　“中亚考察团”合影，左起第5位为葛兰阶

① 文中的“我”指黄万波先生，后同。

这位“化石猎人”名不虚传，凭借丰富的古生物学知识和野外考察经验，他通过访谈获得了“龙骨”线索，并锁定了目标——万县盐井沟。为了实地考察，他一边查阅资料一边南下，最终落脚于万县盐井沟谭家祠堂（图 1.3 ~图 1.4）。

图1.3　谭家祠堂

图1.4　谭家祠堂窗外的美国星条旗

我对裴先生在介绍葛兰阶时提到的 Pleistocene Mammals from the Limestone Fissures of Szechwan, China（《中国四川石灰岩裂隙中的更新世哺乳动物》）一文进行了认真的阅读，并从中了解到万州盐井沟着实是个隐藏更新世哺乳动物化石的“宝地”（图 1.5 ~ 图 1.7），值得前往考察、学习。这个愿望一直到 1984 年才得以实现。

1984 年 6 月中旬，由中国科学院古脊椎动物与古人类研究所黄万波、郑绍华，重庆自然博物馆钟志楷、李宣民、杨代环以及万县地区博物馆（现重庆市万州区博物馆）廖渝方，安徽省博物馆郑龙亭等组成的考察队赴万州盐井沟开展科学考察（图 1.8）。

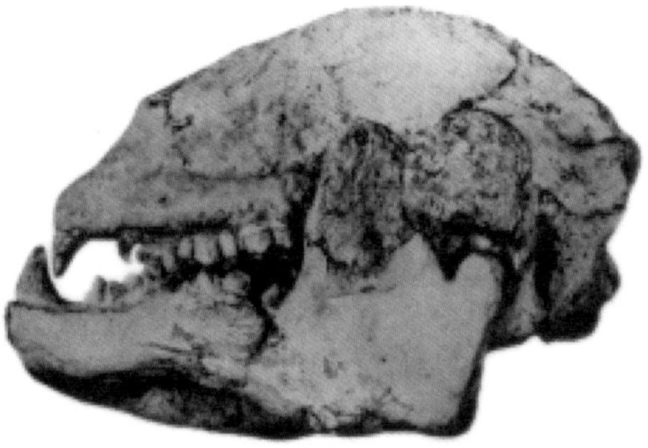

图1.5　巴氏大熊猫（*Ailuropoda melanoleuca baconi*）头骨

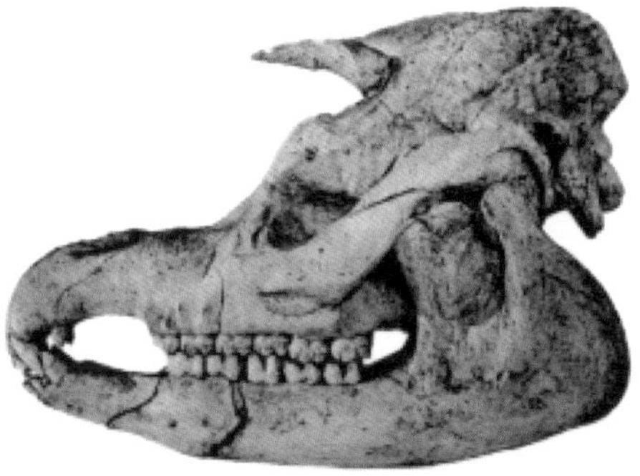

图1.6　巨貘（*Megatapirus augustus*）头骨

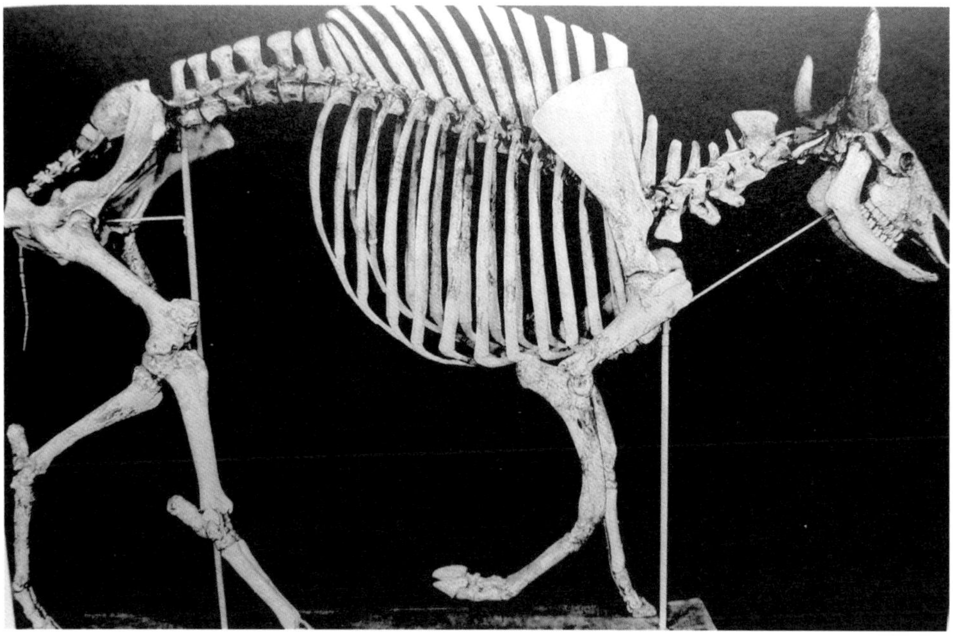

图1.7　大额牛（*Bibos gaurus grangers*）骨架

图1.8　盐井沟地理位置素描（黄万波绘）

在与村民的访谈中，我们打听到有位老大爷曾经见过“洋人”挖“龙骨”的情景。说来巧遇，我们在前往坪坝区的路上见到了这位大爷（图 1.9），他回忆：那时还小，一有机会就去看“洋人”挖“龙骨”（图 1.10）。接着他又说：“出土‘龙骨’的地方不在盐井沟，在坪坝。”我随即答话：“谢谢您的指引。”

盐井沟坪坝是一个喀斯特夷平面，基岩为三叠纪嘉陵江石灰岩，由于受地质构造运动的影响垂直节理发育，故产生的溶蚀形态以垂直型裂隙为主，水平型溶洞较少。一位爱好“龙骨”的老者姜能仁（图 1.11）告诉我，凡是在石灰岩裂隙开口边缘出现碳酸钙沉淀的地方，其内的堆积十之八九出“龙骨”。

图1.9　大爷讲述“洋人”挖掘龙骨的情景

图1.10　葛兰阶当年挖掘“龙骨”的裂隙

事后在姜能仁指引下，在海拔 920 米的坪坝区老屋包东北侧发现一处石灰岩裂隙（图 1.12）。该裂隙长大于宽（7 米 ×3 米），边缘有石灰华沉积，其内填满了棕褐色岩溶型黏土，经过勘探测量于 6 月 28 日发掘。大约挖至 6 米深时发现化石碎屑（图 1.13），由此证明了姜能仁确有实践经验，为下一步选址打下了基础。

后来 1985 年初夏，以郑绍华为领队的小组重返老屋包继续发掘，采集竹鼠头骨若干个，值得一提的是发现一具比较完整的巴氏大熊猫（*Ailuropoda melanoleuca baconi*）骨架（图 1.14）和一件比较完好的貘头骨。在后续的发掘中，又发现了犀、貘、牛等多具完好骨架。

图1.11　“龙骨”爱好者姜能仁

图1.12　老屋包裂隙

图1.13　老屋包裂隙发掘情景

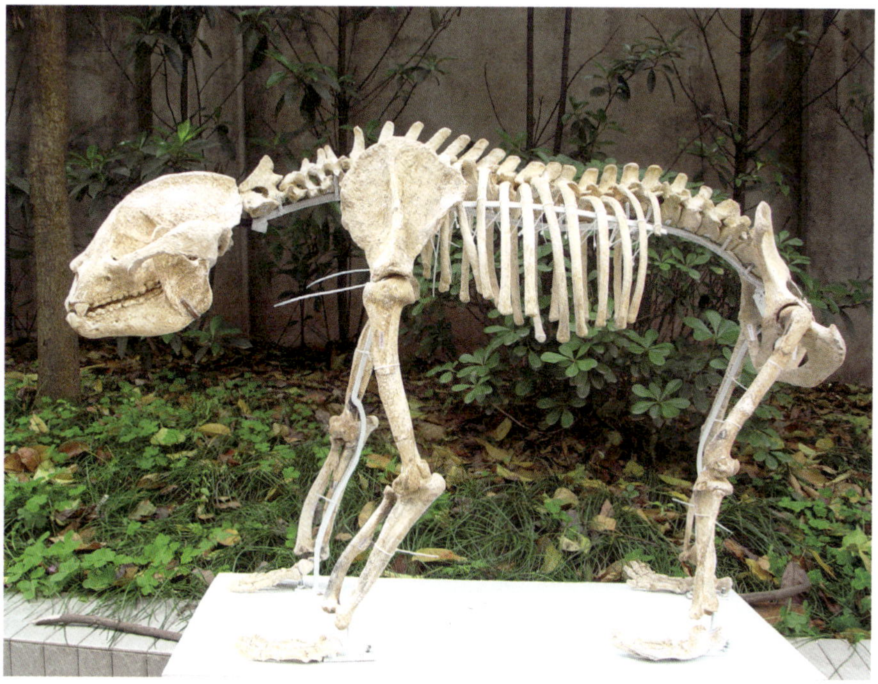

图1.14　巴氏大熊猫（*Ailuropoda melanoleuca baconi*）骨架

在盐井沟停留的时间尽管短暂，但受益匪浅。若是把盐井沟的地质、地貌背景放大一点，我们发现该区域均处于渝东、鄂西地区的黄陵穹隆的西翼，岩溶作用由溶蚀型转变成侵蚀型之后产生的裂隙及其堆积具有显著的相似性特征。

由此可见，渝东、鄂西地区的洞穴或裂隙尤其是长江三峡（图 1.15）腹地的巫山，即北纬 28° ~ 30° 、东经 107° ~ 111° 范围内到处都有石灰岩地层，厚度超过 500 米。在岩溶地质作用下产生的溶洞、裂隙及其堆积隐藏的史前遗存是一块未开发的“处女地”，于是向队员们建议，前往重庆东大门巫山县（图 1.16）考察。

图1.15　长江三峡
a.西陵峡；b.巫峡；c.瞿塘峡

审图号：渝S（2024）058号

重庆市规划和自然资源局　监制　　二〇二四年六月

图1.16　巫山在重庆的地理位置[①]

---

① 图片来源：重庆市规划和自然资源局（https://ghzrzyj.cq.gov.cn/bsfw_186/）。

巧遇牟郎中

1984 年 7 月 1 日，我们离开了万县盐井沟乘舟而下抵巫山，经县文化局长吴树业的指点，得知江南庙宇镇有个龙洞可以去看看，但是否出“龙骨”不确定。依其线索我们于次日来到庙宇镇（图 1.17），留宿人民旅社。

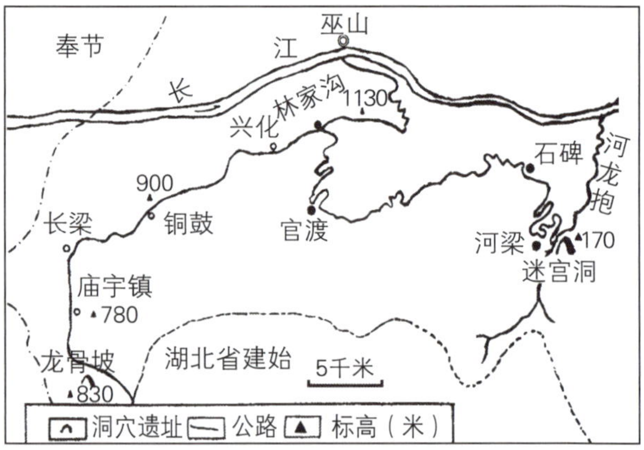

图1.17　庙宇镇地理位置示意

庙宇镇（图 1.18）规模不大，位于巫山县西南长江南岸，距巫山县城约 70 千米。别看镇小，它可是地处两省市（重庆、湖北）、三县（巫山、奉节、建始）的区域交界要冲。

图1.18　庙宇镇西南

庙宇镇的自然条件不算太好，无霜期只有 250 天，年平均气温 14℃，年平均降雨量 1063 毫米（1981）。

地形上，庙宇镇位于巫山山脉的喀斯特盆地，盆地丘陵起伏，东北偏高，海拔 780 米，当地人称“上坝”，西南偏低，海拔 750 米，当地人称“下坝”。总观之，盆地周围高山环绕、层峦叠嶂、美如画卷（图 1.19 ~图 1.20）。

图1.19　西望庙宇盆地景色

图1.20　庙宇盆地

我们这一回来庙宇镇的目的十分明确——考察龙洞（图 1.21）。走出庙宇镇向东行（图 1.22）约 2000 米就到龙坪村（今新城村）（图 1.23）。这是一座美丽的小山村，一条小溪从村前流过，溪水碧绿使人感到心胸如洗。著名的龙洞就坐落在小溪的东南龙山脚下。乍一看这个洞宽阔高大（图 1.24），洞口阳光充足，像这样的溶洞常常能发现史前文化遗存。我走近洞壁，借助微弱的阳光在一堆灰黄色的砂质土里采集到了小哺乳动物的牙齿和肢骨，后又扩大作业面，把寻找过的砂土运到洞口进行第二次分选（图 1.25），不到半个小时，采集了包括牛、鸟在内的牙齿、骨片标本 20 多件（图 1.26 ~图 1.27）。

图1.21　龙洞

图1.22　去往龙洞的路上

图1.23　新城村

图1.24　龙洞内视

图1.25　从发掘过的砂土中寻觅化石

图1.26　牛（*Bos* sp.）下臼齿

但很遗憾，所有材料石化程度都很浅，而且都是现生属种，考察队兴趣骤减。正当我们为此思索时（图 1.28），前来围观的群众中有位乡村医生十分热情地告诉我们：“这里的龙骨不成熟。”

我随即插话：“您知道哪里的龙骨成熟？”

他往南一指：“那个山坡就是！”

这一指点，使我们有了绝处逢生之感，把我们从含亚化石的龙洞引向了遥远的年代……

图1.27　石鸡（*Alectoris* sp.）肱骨

图1.28　笔者面向前来围观的群众沉思

发现龙骨坡

为我们引路的是龙坪村郎中牟之富（图 1.29），待人热情而忠厚，领着我们朝着坡地走去，不到半个小时来到坡地跟前，他用当地方言介绍说："我家原本就住在这里，当上赤脚医生不久，从宅地附近的褐色泥巴拾到块'龙骨'，于是就往深里挖，越往下'龙骨'越多。殊不知引起了人们的极大兴趣，纷纷前来挖'宝'，就 1967—1968 年挖掘'龙骨'上万斤，全部销售到附近的湖北建始茶园供销合作社。"

图1.29　牟之富

我越听越兴奋，越发确信这正是考察队寻找的目标，顾不得坡陡泥滑，一步跃入绿色的禾苗丛中，视线所及之处全是白花花的"龙骨"渣，犹如出海的珍珠，拿着它沉甸甸的！尽管是些破碎的齿尖、齿带，但根据其形态特征判断有鬣狗（*Pachycrocuta* sp.）、豺（*Xenocyon* sp.）、锯齿虎（*Homohrium* sp.）、乳齿象（*Sinomastodon* sp.）、大熊猫（*Ailuropoda* sp.），等等，属于华南早更新世早期的代表物种，说明我们寻找到了化石"宝库"的钥匙。于是，我把这个出土"龙骨"的坡地起名曰"龙骨坡"，地理坐标：东经 109° 4′，北纬 30° 21′；海拔高程 830 米（图 1.30 ~ 图 1.31）。

图1.30　发掘前的龙骨坡

图1.31　龙骨坡位于庙宇盆地东南“山原期夷平面”下

龙骨坡遗址的发掘

第一轮发掘（1985—1988）

1985 年 2 月，《四川文物》刊登了我一篇短文。此文的目的是将 1984 年龙骨坡调查的结果向四川省文化部门汇报，希望对这个化石地点开展系统有序的发掘。文章刊出后，四川省文化厅不仅予以高度重视，而且随即委托重庆自然博物馆组建古生物考察队前往该化石地点调查发掘。事后，在重庆自然博物馆方其仁副馆长的组织协调下，成立了一支考察队，由中国科学院古脊椎动物与古人类研究所黄万波、计宏祥、郑绍华、顾玉珉、长绍武，重庆自然博物馆方其仁、李宣民、钟志楷、杨兴隆、杨代环、曹幼枢、张联敏，巫山县文管所罗志宏、唐志林以及万县地区博物馆廖渝方等单位及人员组成，黄万波为现场领队。各单位派遣的队员于是年 10 月上旬在重庆集合，尔后前往巫山庙宇镇龙骨坡化石地点，开始正式发掘。

龙骨坡周围的地质地貌背景

开工前，考察队对龙骨坡及其周围的地质地貌情况作了调查研究，初步判断，龙骨坡周围是一个完全封闭的喀斯特盆地（图 2.1），龙骨坡位于盆地的东侧。早年有一个较大的与龙洞相联的地下河通道，在地质演变过程中，该洞穴与龙洞断裂成了东西向的穿山洞，致使洞口高大，阳光充足，空气流畅。然而，如今所见洞顶塌落（图 2.2），南、北两侧基岩风化（图 2.3），残存洞壁上悬挂的碳酸盐类沉积物依稀可辨（图 2.4）。

总体来看，龙骨坡周边呈现的岩溶地貌处于岩溶发育的稳定时期，对遗址结构影响有限，值得发掘与研究。

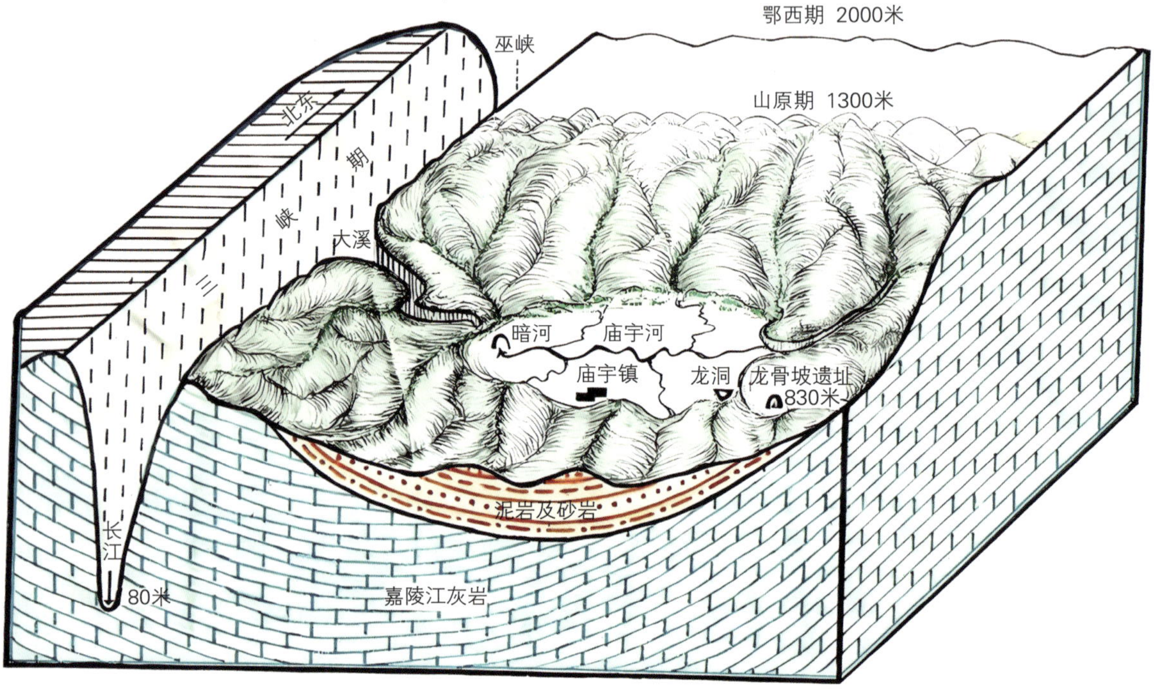

图2.1　庙宇盆地素描图（黄万波1985年绘制）

图2.2　洞顶塌落岩块

图2.3　北侧洞壁

图2.4　洞壁上残存的碳酸盐类沉积

巨猿牙齿引导系统有序发掘

1985年10月4日进入发掘区以后，经过勘界测量确认，龙骨坡南侧靠近洞壁附近的堆积地层只有略微扰动，在此处发掘是适宜的（图2.5）。但是，由于洞顶塌落之大块岩石压在堆积顶部（图2.6～图2.8），必须将其移位，方可开展正式发掘。

图2.5　第一轮发掘（1985）位置

图2.6　劈开洞顶塌落岩块一

图2.7　劈开洞顶塌落岩块二

图2.8　搬运岩块

移除了岩块，我向发掘队员及工人讲述了有关脊椎动物化石发掘的操作规范。具体而言，凡是发掘出土物，均以出土地点、出土层位、出土时间依序编号，并以保存情况（诸如完好个体或单个牙齿）分别给予不同的包装。说得再直白点，一要多采集，二要保持化石的完整性，三要注重化石层位岩性及其埋藏产状。

在清理洞顶塌落岩块的过程中，我于地表采集到几件残缺不全的牙齿，这是 1966—1968 年农民挖掘“龙骨”的废弃物，于是继续寻找，在一堆褐色黏土夹小角砾中发现一件犬齿化石，从其齿缘的锯齿形态判断应为锯齿虎（***Homohrium*** sp.）犬齿（图 2.9）。这一发现着实印证了龙骨坡名不虚传，是块产“龙骨”的“宝地”。

图2.9　锯齿虎（*Homohrium* sp.）犬齿

图2.10　清理发掘现场的情景

10 月 7 日是个好天气，渝东的初秋很少有云，因而蓝天显得更高更开阔，巫峡南岸的鄂西期夷平面尽收眼底。工人清理了发掘现场，露出了岩性为褐色岩溶型黏土的原生地层（图 2.10），这正是出土锯齿虎犬齿的层位，提示我们值得细致寻找更多化石。

但挖开表土层，往下的堆积特别是靠近洞壁之处由于钙质胶结，十分坚硬，挖掘起来费时费力，我建议“起大块、劈小块”觅化石。觅过化石的土块运到边坡再细找。总之，不遗漏任何一件可疑标本。几位年轻力壮的工人挥动着双臂，把劈开的土块和散落的泥土送到一边。几位年龄稍大的工人赤手掰土块觅化石（图 2.11）。时间长了，黏土、砂

图2.11　掰土块觅化石

石将手指磨了一层皮。工人张老大找化石格外细致、认真，虽言语不多，但善于用四川方言说笑话逗得同伴们捧腹大笑。就在此时，一工人从挑来的一个大的钙质胶结土里发现一件非常完好的鬣狗（*Pachycrocuta* sp.）下颌骨化石（图 2.12）。

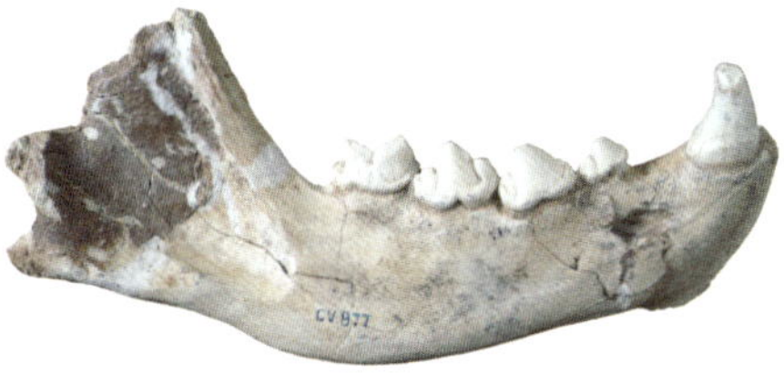

图2.12　鬣狗（*Pachycrocuta* sp.）下颌骨

龙骨坡这个名字表明了这里的地形是坡地，寻觅过化石的砂土岩块很快在坡地上堆起了一级一级的台阶（图 2.13）。台阶的出现为发掘工作带来了方便，可沿着台阶拾级而上。然而更为重要的是，依以往的经验，

图2.13　发掘坡地上堆起的台阶

堆成台阶的泥土可能包含着尚未被发现的各类小型化石，诸如翼手类、啮齿类、食肉类甚至灵长类等化石，也就是说，它们是筛洗的最佳原料。1981 年在安徽“和县人遗址”用“筛洗法”就获得过“和县人”的一个门齿。工友们听我说后随即有所领悟，将觅过化石的已铺成台阶的泥土重新进行筛洗（图 2.14 ~图 2.17），从 9 月 2 日开始至 11 月 7 日结束，收益显著，特别是小哺乳动物化石，数量之大、种类之多令人惊叹（图 2.18）。

图2.14　装筛土

图2.15　运筛土

图2.16　筛洗工具就地取材——竹筐

图2.17　竹筐筛洗亦能获得化石

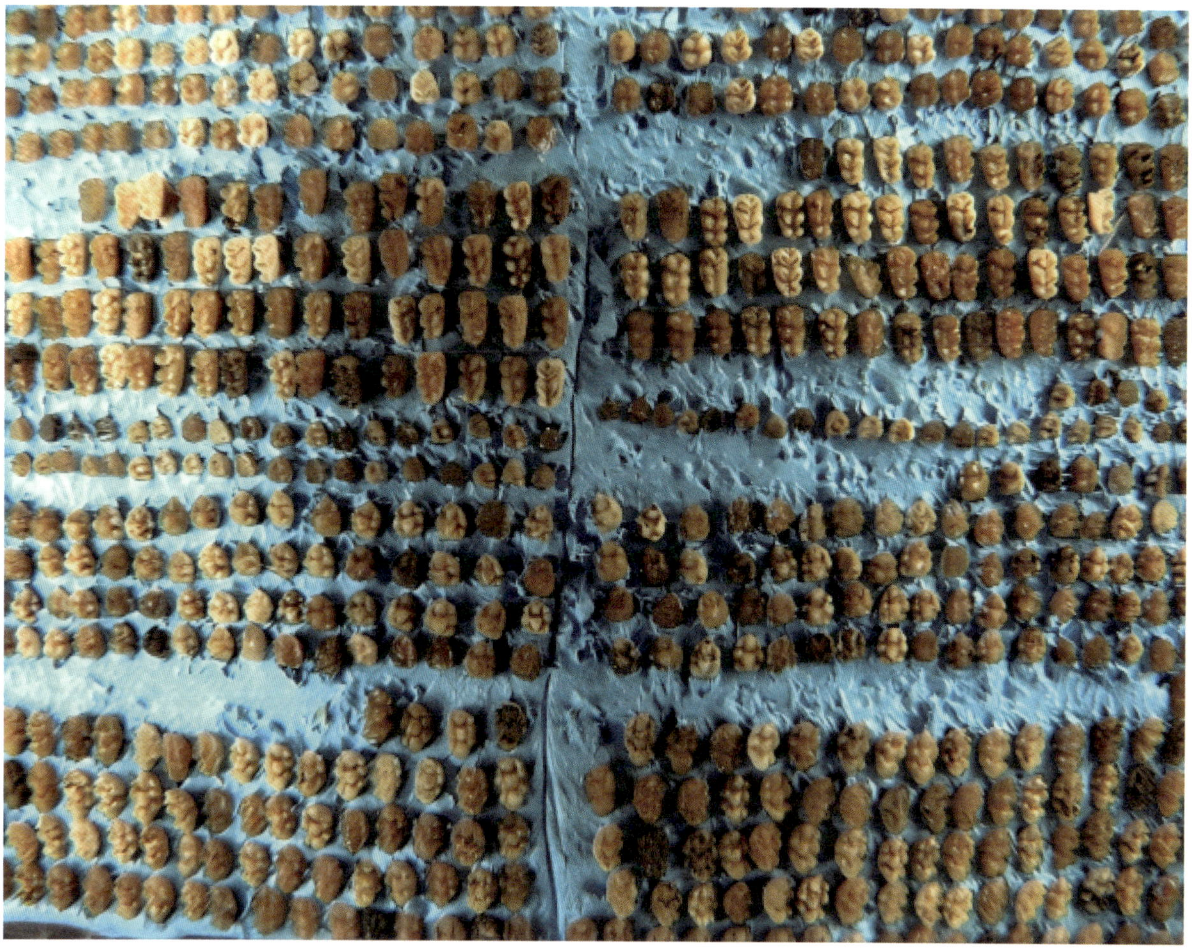

图2.18　竹筐筛洗获得的小哺乳动物化石

连日来，钟志楷和李宣民把竹筐的化石作初步分类并核对编号。当分完了骨骼着手分牙齿时，一个比蚕豆稍小的牙齿在阳光下闪烁着，李宣民顿时怔住——这枚牙齿的形态特征前所未见。

午休时，李宣民从布袋里把它拿了出来，顺手递给我，“您看看是个啥牙？”

我接过一看，牙齿尽管破碎，但根据圆滑的齿尖和厚实的釉质层等特征把它归为巨猿（*Gigantopithecus* sp.）是毋庸置疑的（图 2.19）。

图2.19　残破巨猿（*Gigantopithecus* sp.）牙齿

杨兴隆接过话茬：“是，绝对是！我们历尽千辛找的就是它！”

这一重大发现证实，在四川（今重庆）境内首次发现了巨猿化石地点，它是我国迄今为止发现巨猿化石产地的最北点，即北纬 30°。这一发现为研究巨猿的地理分布提供了关键证据。

1962 年，古人类学家吴汝康在《巨猿下颌骨和牙齿化石》（图 2.20）一书中认为，巨猿是前人亚科成员，半直立行走，能使用天然工具。

1975 年，周明镇在《华南第三纪初期动物的性质和对比》一文中提出，广西柳城巨猿洞出土的巨猿、乳齿象、爪兽和个体较小的貘类、鹿类等表明这个动物群的地质时代可能早于中更新世，而为早更新世或上新世最晚期，并以巨猿为其标志命名为“巨猿动物群”。

由此可见，龙骨坡巨猿化石的发现是本年度的一大亮点，表明该化石地点非同小可，这就意味着发掘方式要改用考古模式，即布设探方有序发掘。但是，布设探方没有测量仪器，后经大家讨论一致认为，就地取材——地质罗盘加目测（图 2.21）：以 1 米为纵向间距，再依照周口店北京猿人遗址发掘采用的水平层即自上至下以 1 米为横向间隔，然后按照比例以黑白相间的线条落笔成图（图 2.22）。别看它有点土气，可它从第一轮发掘一直沿用至今。

关于布方发掘，我在此稍加说明，红色标记范围共计 40 多个探方，但比较分散不规则（图 2.22），出现这种情况的原因有二：一是早期阶段（1985）的发掘目的是寻找脊椎动物化石，哪里有化石哪里挖；二是为了寻找可能存在的人类化石和石制品，不得不扩大探方再寻找，所以就扩大到了 40 多个探方。

图2.20 《巨猿下颌骨和牙齿化石》专著

图2.21　目测布方

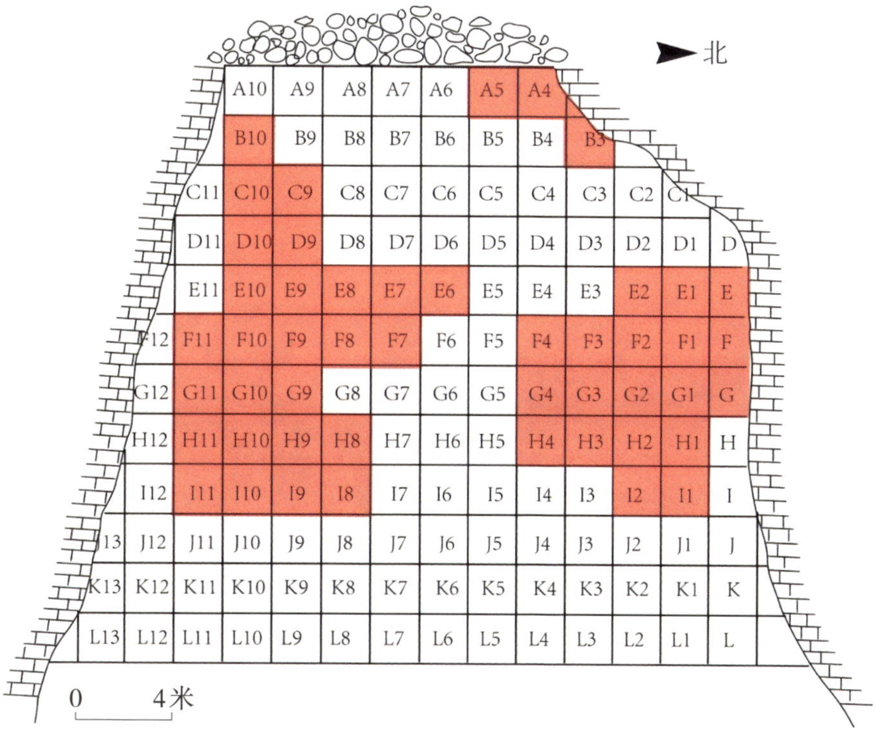

图2.22　1985—1988年度发掘区域（红色标记）

发现“巫山人”

开工至今又是一周（10 月 7—13 日），按照探方编码，李宣民和杨兴隆来到 G9 探方发掘。午后 1 时许，他们在工人的协助下挖掘到一节肢骨，用棉花擦了表面的泥土后，立刻展现出砍砸痕迹（图 2.23），这是件难得的标本，按李宣民话，“这痕迹显然是有意为之”。

我在南侧靠近洞壁的黏土层查看一滑动面，感到这个地方的黏土层含骨片，且数量较多，于是建议挑到一旁寻找（图 2.24），没过多久，一工人觅到一块大骨头，引起了在场的杨兴隆的注意，但由于表面粘满了泥土难以辨认其属性，于是用剔针剥掉了附着物，随后露出了两

图2.23　砍砸痕迹

图2.24　从挖掘出来的土里再筛找化石

排牙齿、圆润的齿尖和宽厚的内齿带，“这显然是大熊猫（*Ailuropoda* sp.）上颌骨”，杨兴隆自言自语地说。该标本后来被鉴定为小种大熊猫（*Ailuropoda microta*）（图 2.25），这在大三峡地区尚属首次发现，与广西巨猿洞的小种大熊猫遥相呼应，同属早更新世早期。

10 月 21 日，我与工人讨论如何处理堆积层的含钙结核，大家的意见倾向于砸成小块再寻找（图 2.26），我对此表示赞同，因为胶结紧密，赤手掰十分困难。这个方法虽可能造成轻微损伤，但能显著提升化石收取效率。我们在 F11 探方用此法就获得保存完好的 3 枚巨猿牙齿（图 2.27）和 1 枚爪兽（*Nestoritherium sinensis*）上臼齿（图 2.28）。

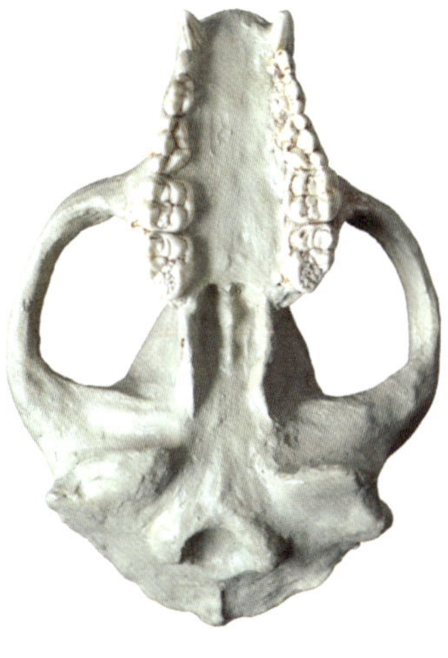

图2.25　修复后的小种大熊猫（*Ailuropoda microta*）头颅

图2.26　在“钙板”里觅化石

图2.27　巨猿（*Gigantopithecus* sp.）牙齿

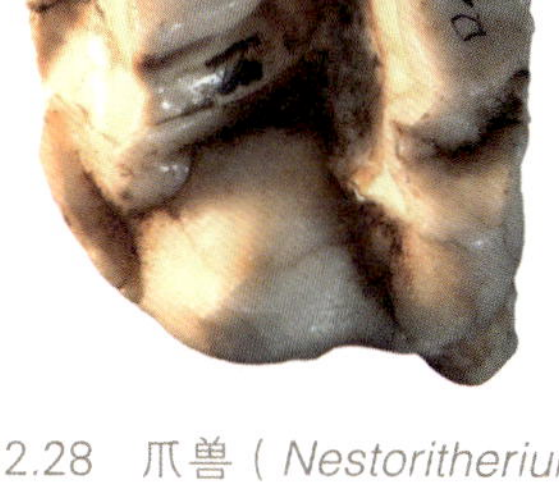

图2.28　爪兽（*Nestoritherium sinensis*）上臼齿

是日下午，我在观察第 8 水平层的岩性时感到它与第 7 层略有差异，即第 8 层的黏土含量较少，灰岩角砾也相对较少。为了进一步研究其微层理结构，我正欲靠近剖面详细观察，还未进入视线，站在我旁边的工人从竹筐里拾起一块标本说："这是从 H9 探方刨得的，您看看像啥？"我接过标本，依其形态像是一小段下颌骨。于是在探方边坡用剔针清理黏附在齿冠的含钙砂土（图 2.29），露出全貌后，远端者为前臼齿，近端者为臼齿，两者深度磨耗，齿尖、沟纹都模糊不清。初看像人牙，但细致检视后又觉得有点似是而非。此时，重庆自然博物馆和中国科学院古脊椎动物与古人类研究所的两位同仁见我拿着标本时不时地看了又看，于是围了过来目睹真容（图 2.30）。

图2.29　我用剔针小心翼翼地清理黏附在下颌骨上的薄层含钙砂土

图2.30 在洞顶塌落岩块下围观我拿着的“宝贝”

我指着手中的“宝贝”，“你们看，这是一件下颌骨残块，其上保存两枚牙齿，前者为第四前臼齿（p4），后一个是第一臼齿（m1）”（图 2.31），复原后，下颌骨残块的相应部位在左侧（图 2.32），出土层位第 8 水平层，探方编码 H9。就其生物学系统分类无疑是灵长目，但是归入猿科还是人科，不好说。

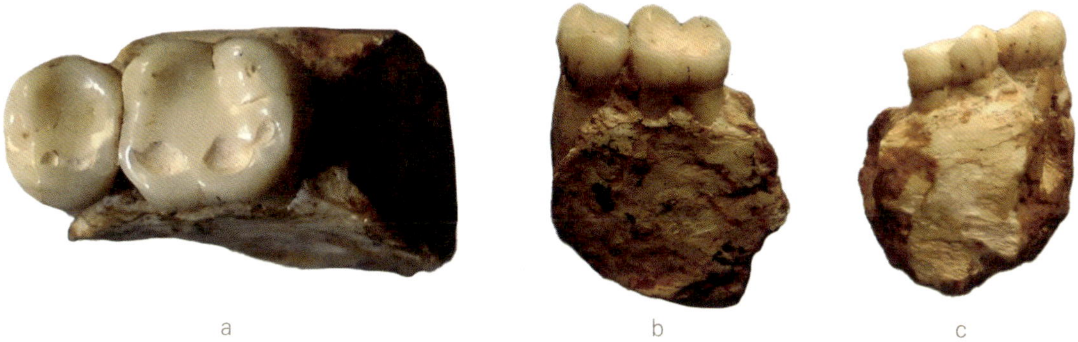

a b c

图2.31 “巫山人”下颌骨断块
a.嚼面观；b.颊侧观；c.舌侧观

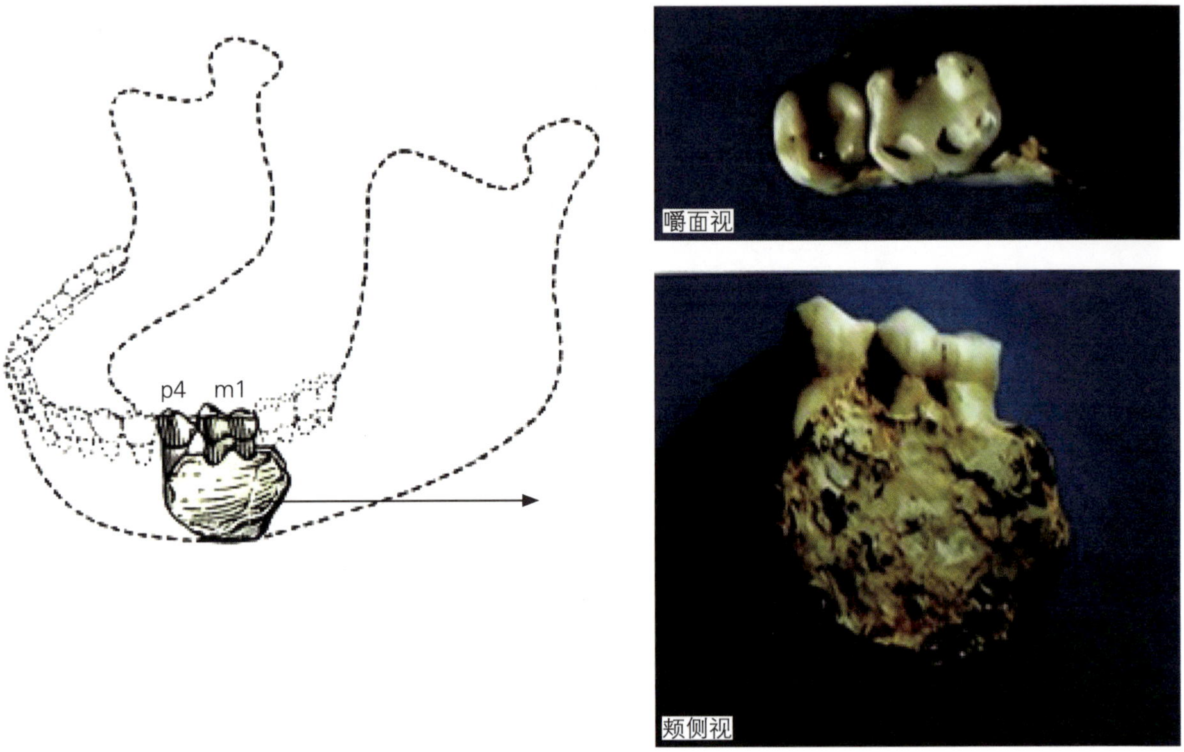

图2.32　“巫山人”下颌骨断块在牙床的相应部位

看得出，两位同仁对此标本很感兴趣，时不时地点点头，也许是赞赏我的意见，人、猿难分吧！

晚上，山野间弥漫着独特的静谧，带着一种只有经过山川灵秀陶冶了的考古工作者才能领略的特殊风味。8 时许，我和队员们一起讨论了这件灵长类化石的科学价值。尽管材料有限且齿冠磨蚀又严重，但它是人类“黎明”前的曙光，照亮了我们发掘工作的锦绣前程。

中国科学院古脊椎动物与古人类研究所古人类专家顾玉珉对这件新标本作了初步鉴定。她认为，巫山标本 p4 接近圆形，包括一个隆起的下三角座和一个低宽的下跟座，与 m1 的接触面平稳，这些形态特征与人类相似。

巫山县文物管理所获悉下颌骨的属性为人，为了宣传、保护，于第二年（1986）在发现地点树立纪念碑，意在垂之久远（图 2.33）。

1985 年秋，中国科学院古脊椎动物与古人类研究所、重庆自然博物馆、万县地区博物馆在重庆联合召开了一次协调、研究会。其目的是：

（1）总结 1985 年考察工作；

图2.33 “巫山人”发现地点石碑

（2）制定 1986—1988 年发掘、研究工作规划；

（3）落实 1986 年发掘地点。

上述三项议题经大家充分讨论取得了一致意见，会议圆满结束。

根据协调会的安排，1986 年的发掘工作继 1985 年的工作面往东伸展。随着工作面的扩大，出土的钙质胶结体越来越多，一时忙不过来。我建议，将含化石较多的大块角砾就地装箱运回北京修理室修理。殊不知，在运回北京的大块角砾岩中又修理出了两枚巨猿牙齿（图 2.34）。

图2.34 巨猿（*Gigantopithecus* sp.）牙齿

人类门齿出土记

关于人类门齿的发现，我因赴日本出席国际第四纪委员会亚太地区第四纪地层分会会议，所以出土时并不在现场。后来根据新闻报道，知晓了当时的发现情形：

1986 年 10 月 24 日，奇迹终于出现了。下午 1 点 30 分上工不久，一青年工人龙文才在第 7 水平层 F8 的表土下（图 2.35）挖出一块很小的化石，摆弄了一阵顺手交给了重庆自然博物馆杨兴隆，并向他请教，“这是什么动物化石？”

杨兴隆小心剥去黏附在化石上的泥土，突然眼前一亮，这是枚闪烁着珐琅质光泽的门齿！杨兴隆虽然很激动，但他平静地对工人说：“是枚牙齿，回去研究研究。”

图2.35　人类门齿出土时的情景

傍晚收工路上，杨兴隆走到顾玉珉身边，带着平和的口气对她说：“老顾，我从工人那里得到了一个好东西”，顾玉珉一看，“是灵长类门齿化石（图 2.36），真是个好东西、好东西！”

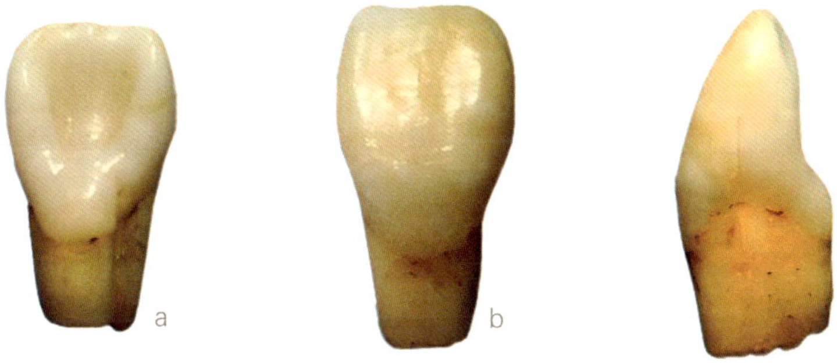

图2.36　人类门齿
a.舌面；b.唇面；c.侧面

10 月 25 日，杨兴隆、顾玉珉等为了寻找更多的灵长类化石，在龙文才带领下在出土门齿地点继续寻找，经过数小时的挖掘、筛查，收益甚微，但明确了门齿出土于第 7 水平层 F8 探方。

11 月 3 日，我出席国际第四纪委员会后回到重庆，在重庆自然博物馆方其仁副馆长陪同下抵达龙骨坡发掘现场，目睹了门齿真容、发现地点和出土层位，向发现者表示热烈祝贺！

惊现石器

“巫山人”的发现，在龙骨坡发掘史上书写了重要的篇章。如果我们确定这里的确是“东亚型人”的原乡，那就必须找到“东亚型人”在长江流域三峡腹地生存的另一个有力的证据——石制工具。在考古学家看来，石制工具是决定考古遗址属性的根本。在这一思想指导下，我从进入发掘的第一天起就注意石器的寻找，这个愿望一直到 1987 年 9 月 29 日才得以实现。

当日的野外工作日志详细记载了发现过程。

那天上工不久来到南侧第 5 水平层 E6（标本上的编号 L8 应为 L5，因为 L8 没有 E6）探方的褐色黏土层，在此挖到一块颜色发黑的角砾，拾起一看，不像石灰岩，正感到困惑不解之时，杨兴隆来到跟前，他仔细看了看说，火成岩（后鉴定为安山玢岩）。此话提了个醒，我用放大镜观察发现其结构致密有微弱光泽，而且在其周围还有明显的疤痕。我脱口而出，石器（图 2.37）！杨兴隆竖起大拇指，表达了赞赏之意。它的发现打破了龙骨坡遗址有古人类而无石器的僵局。

图2.37　凸刃砍砸器

根据规划，1988 年是龙骨坡首轮为期四年发掘工作的最后一年，发掘团队期待着会有更多的发现，特别是石器。

图2.38　龙骨坡遗址西北侧

是年我们于 9 月 2 日入住庙宇人民旅社，3 日动土发掘。为扩大作业面，我和李宣民来到西北侧（图 2.38），感到这里的土质与南侧大致相当，均为褐色岩溶型黏土，在工人龙代清的协助下选定第 4 ~ 5 水平层的隔梁附近作业，下挖至 30 厘米见到了钙质胶结条带和零星化石，挖开探方隔梁，露出一个圆柱形的东西——鹿角，这可是首次发现，而且是上新世的残存种，称为祖鹿（*Cervavitus ultimus*，图 2.39）。

图2.39　祖鹿（*Cervavitus ultimus*）角

图2.40　纱布、石膏固结化石的情景

此时，杨代环与在西壁第 3 水平层发掘的古脊椎动物与古人类研究所技术员霍玉龙挖到个大骨头，全部暴露后发现原来是个上颌骨。经霍玉龙熟练地操作打包（图 2.40）后运回了北京，该上颌骨修复后鉴定为属于一个新种，名曰“山原貘”（*Tapirus sanyuanensis*）（图 2.41）。

他们处理完貘化石来到第 8 水平层 H2 探方继续发掘，在褐色黏土夹小碎石之间发现原黄狒（*Procynocephalus* sp.）臼齿（图 2.42），在紧靠猴牙的旁边再获得云南马（*Equus Yunnanensis*）上颊齿（图 2.43）和山原貘（*Tapirus Sanyuanensis*）下颌骨（图 2.44），这突如其来的发现令人兴奋！傍晚收工回到住地，我向队员们讲述了杨、霍二

图2.41　山原貘（*Tapirus sanyuanensis*）上颌骨

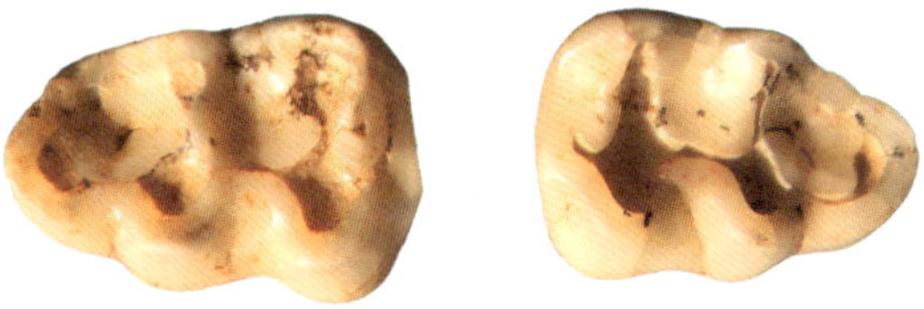

图2.42　原黄狒（*Procynocephalus* sp.）臼齿

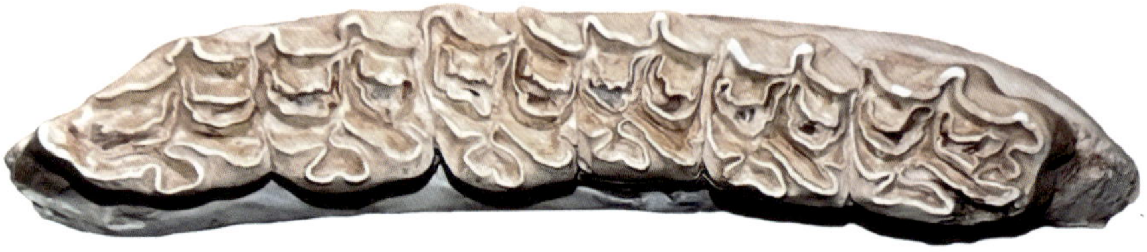

图2.43　云南马（*Equus yunnanensis*）上颊齿

图2.44　山原貘（*Tapirus sanyuanensis*）下颌骨

位的发现而获得了阵阵掌声！

9 月 17 日天气阴雨，工作面潮湿行动不便，但工人操作起来却得心应手，不到半个小时，龙老大在第 3 水平层 C10 探方附近的褐色岩溶型黏土中刨到个大牙齿，随即向我打招呼，“您快来，这么大的牙齿您见过吗？”

我听后转身朝南侧走去，看着他抱个大象牙的兴奋劲，难以用语言表述。接过一看，是一件剑齿象（*Stagodon* sp.）臼齿化石。顺着嚼面数了数齿板 8 个，齿板乳突不超过 10 个，齿板间无白垩质填充，概括而言，这无疑是剑齿象家族的新成员（图 2.45），杨兴隆研究起名曰“巫山剑齿象”（*Stagodon wushanensis*）。

图2.45　巫山剑齿象（*Stagodon wushanensis*）上臼齿

图2.46　临时休息棚

9 月 20 日，晴间多云。虽然是秋天，但在太阳下发掘还是很热的，为了轮流休息，我们在南侧坡地又架起个布棚（图 2.46），轮休者在此有说有笑好不热闹！

休息后，工人老龙在第 5 水平层 E10 探方挖出个河卵石，看了看并不在意地放在一边继续往下挖。我正好在查看箩筐里的化石，一转身见到这个河卵石，捡起一看，其磨圆度称得上是一级品，老龙随即告诉我，这卵石刚从 E10 探方挖得的。我点点头，“好石头，好石头”。

晚饭后，我打开包装袋，取出卵石琢磨良久，第一感觉，磨圆度这么高的河卵石为何出现在高出庙宇河几十米的龙骨坡，它是怎么来的？第二感觉，在卵石的中部有若干点状坑疤，分布范围长 35 毫米，宽 22 毫米，而且材质为安山玢岩。这种形态的产生可以排除自然营力诸如流水碰撞、动物踩踏，等等，而唯一的解释只能是“巫山人”的工具（图 2.47）。

图2.47　砸击石锤

图2.48 美国考古学家德斯曼·克拉克（Desmeng F. Clark）教授（右一）观察“巫山人”下颌骨

标本带回北京后，第一位目睹河卵石的是美国访问学者德斯曼·克拉克（Desmeng F. Clark）（图2.48）。在观看了“巫山人”下颌骨后，他对我说：“在看下颌骨之前，我已看了那两件石器，一件为砍砸器，一件为砸击石锤。”然后他指着河卵石上的打击疤痕说：“这是一件典型的砸击石锤。”

李炎贤对石制品作了深入研究后指出，在第5水平层E6探方和E10探方发现的石器有2件：一件为凸刃砍砸器，一件为砸击石锤，。这是龙骨坡遗址出土的首批石制工具，虽不是很典型，但有理由归于人类加工的产物，为了解早更新世人类的活动和分布情况增加了新资料。

探井下第一单元沉积

经过三年系统有序的发掘，遗址堆积地层自上而下可分为两个单元，上面一个为洞顶之塌落角砾，厚度8米；下面一个为褐色岩溶型黏土局部夹角砾，厚度13米，再往下情况不明。经商议，我们决定在第8水平层I9探方挖一口南北宽1.5米，东西长1.8米的探井（图2.49～图2.51）。近20天的挖掘，从第8水平层一直挖到第17水平层，自第14层至第17层所见岩性均为浅灰色砂质黏土，半成岩状态，不含化石。由此可见，龙骨坡遗址堆积层序自下而上包括了三个地层单元（图2.52）：

第一单元：灰色砂质黏土，半成岩状态，不含化石，可见厚度4米。

第二单元：褐色岩溶型黏土局部夹角砾，含人类化石、石器和动物化石，厚度13米。

第三单元：洞顶塌落岩块，厚度8米。

图2.49 挖掘探井

图2.50　中国科学院地质研究所刘椿准备下井采古地磁样品

图2.51　包装探井下采集的植物孢粉样品

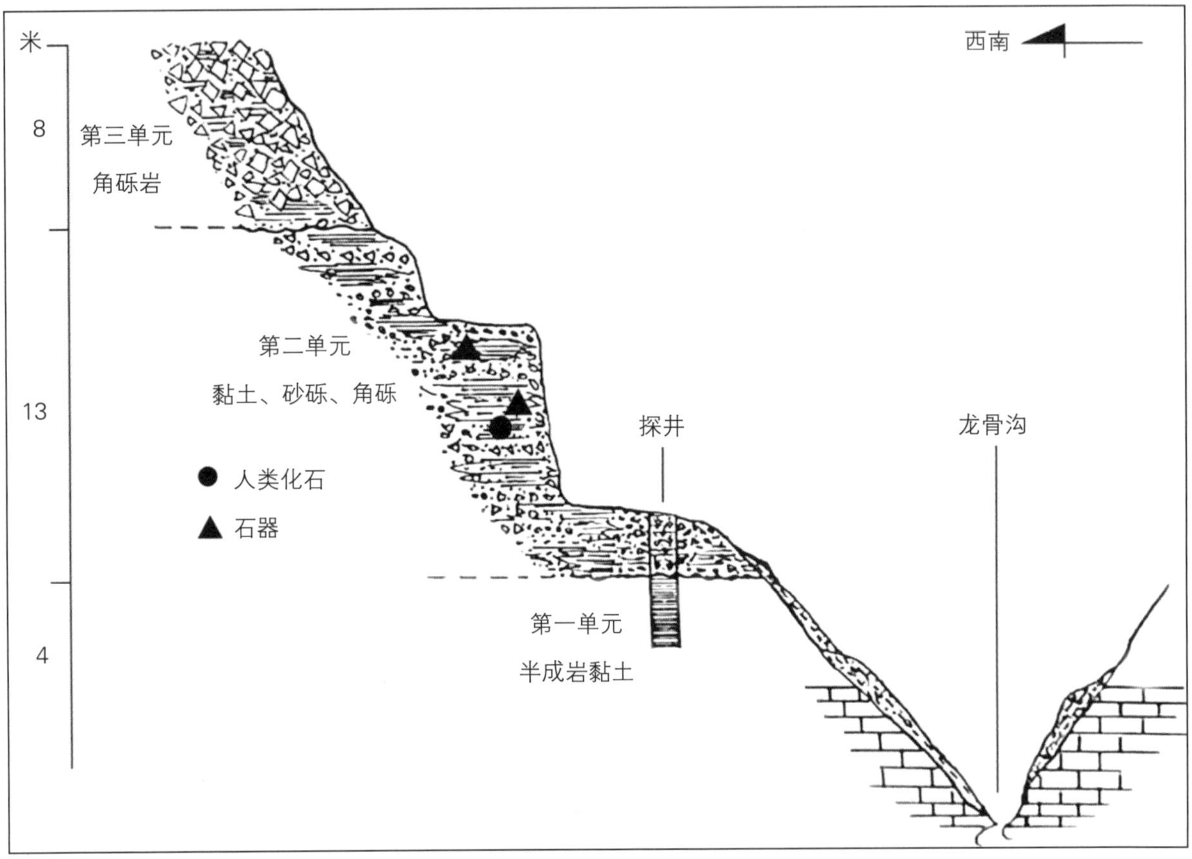

图2.52　龙骨坡遗址自下而上三单元地层剖面

图2.53　洞壁上刻划水平层

龙骨坡遗址第一轮发掘（1985—1988）结束后，我们依水平层序自上而下将字母和数字刻划在南北洞壁上（图2.53），这也是借鉴周口店北京猿人遗址的做法，可为下一轮发掘、研究作参考。与此同时，巫山县文物管理所为了保护好遗址，在遗址周边修建了围墙（图2.54）。

图2.54　巫山县文物管理所为保护遗址修建了围墙

《巫山猿人遗址》引起的风波

1991 年，我们将龙骨坡遗址第一轮发掘研究成果整理出版了《巫山猿人遗址》（图 2.55）。事后不久，美国依阿华大学人类学系石汉（Russell Ciochon）教授（图 2.56）向我提出两个建议：一是把《巫山猿人遗址》的主要章节译成英语，以便让更多的人了解龙骨坡；二是“巫山人”的年代太早不可靠。

图2.55　《巫山猿人遗址》封面

图2.56　石汉（Russell Ciochon）教授观察龙骨坡石制品

我当即给予回复：同意将《巫山猿人遗址》的主要章节译成英语，至于年代太早，可以讨论。但有一点，我相信中国科学院地质研究所刘椿研究员和原地矿部天津地质研究所吴佩珠研究员等分别用古地磁法和氨基酸法测出的年代，即出土“巫山人”的第 8 水平层在磁性地层年代表上处于奥杜威期留尼汪事件上（奥杜威正极性亚时与留尼汪之间），距今 204 万年。再者，根据龙骨坡遗址堆积第 1 ～ 13 水平层出土的哺乳动物化石超过 50%是上新世至早更新世的代表属种，诸如低冠竹鼠（*Rhizomys brachyrhizomyoides*）、锯齿虎（*Homotherium* sp.）、乳齿象（*Sinomastodon* sp.）、祖鹿（*Cervavitus ultimus*），等等，它们在时代序列上与欧洲 Villanyian 期（MN17，大约 200 万年）是相当的。

图2.57　我讲述人类化石在水平层的相对位置

石汉教授对我的意见表示认同并提出，可不可以赴巫山龙骨坡遗址考察并商讨有关学术问题。

我回复，可以。

1992 年春，以石汉教授为首的 3 位学者来到北京，4 月 27 日抵达龙骨坡。在我的陪同下考察了龙骨坡遗址的地质地貌背景，然后转入遗址考察堆积地层（图 2.57）和相关出土物（图 2.58）。

石汉等从第 1 水平层至第 10 水平层逐一考察、对比并与我讨论。当步入出土“巫山人”化石即第 8 水平层时，石汉向我提出，为了进一步确定“巫山人”的年代，他们想自上而下采一套地层样品回美国测试。

我表示赞同。

图2.58　我向来访者讲述化石的情景

1993 年 12 月，石汉教授在给我的来信中说，测年结果显示，第 5 水平层的年代大于 100 万年，以此类推，“巫山人”出土于第 8 水平层，表明“巫山人”的时代确实古老。

我为了进一步论证“巫山人”的年代，决定用不同的实验技术再一次测年，于是邀请北京大学考古系测年研究室陈铁梅教授用电子自旋共振法测定。1994 年，陈铁梅教授根据我们提供的第 2 ~ 5 水平层的样品作了分析、测定，其年代为距今 190 万—130 万年。这个测定在考古学和地质学意义上是有说服力的，而且与美国学者石汉等测定的年代大体一致，促进了共识。在此基础上，我与石汉商讨，可否对“巫山人”下颌骨断块结合石器、年代深入研究。石汉表示赞赏，并建议以“亚洲的早期人类及其工具”为题将研究结果在国际权威期刊 *Nature* 发表。

经过研究者的共同努力，该文于 1995 年发表在 *Nature* 第 6554 期，*Nature* 编辑部还将长江三峡作为了本期封面（图 2.59）。

图2.59　*Nature*第6554期封面

文章发表后，美国学者艾特（Dennis Etler）来信说，从 *Nature* 杂志上发表的文章、照片和对其描述的资料分析，认为它不像是人（*Homo*），应归属古猿。还有学者称，龙骨坡遗址出土的石器太少，很难说明问题。实事求是地说，无论人化石还是石器都少，有其局限性，在定量和定性上都会受到影响，导致产生不同的观点是正常现象。东非能人（*Homo habilis*）和爪哇直立人（*Homo erectus*）发现之初也有过不同的看法，有赞成是人的，也有说是猿的。所以，我们现在的问题是如何面对现实，如何从这些谜团中走出来。办法是有的——重返龙骨坡开展第二轮发掘，寻找新材料。

第一轮发掘结束时，全体队员在龙骨坡遗址“巫山人”下颌骨发现石碑前摄影留念。但实际可能与我印象有差别，目下所见缺少几位（图 2.60）。

图2.60　第一轮发掘部分队员合影

第二轮发掘（1997—1998）

时隔 8 年后，1997 年深秋我们再一次来到龙骨坡开展第二轮发掘。参加本年度发掘的单位及人员：中国科学院古脊椎动物与古人类研究所黄万波、长绍武，北京图书馆徐自强和巫山县文物管理所税明轩，黄万波任领队。

根据我的建议，本次发掘的主要任务是寻找石制品。这是因为在第一轮发掘中采集的石制品仅两件，一件砍砸器，材质安山玢岩，另一件砸击石锤，材质安山玢岩。故有学者提出，在超过 10 米的堆积地层为何只采集到两件？之所以出现这种情况是由于对石制品原料的误解导致的。过去认为，石器者，材质必须是坚硬的石料诸如硅质岩、火成岩等。而材质较软的石灰岩、泥岩，等等，尽管其表面可观察到打击点、放射线、同心波等特征却常被弃而不采。然而随着观念的转变，我们对石器的认知也在本轮发掘中出现了转变。

10 月中旬进入遗址，勘界测量后决定在遗址南侧剖面第 5 ~ 7 水平层和北侧剖面第 7 ~ 8 水平层发掘，使用的发掘探方沿用第一轮的探方模式（图 2.61）。

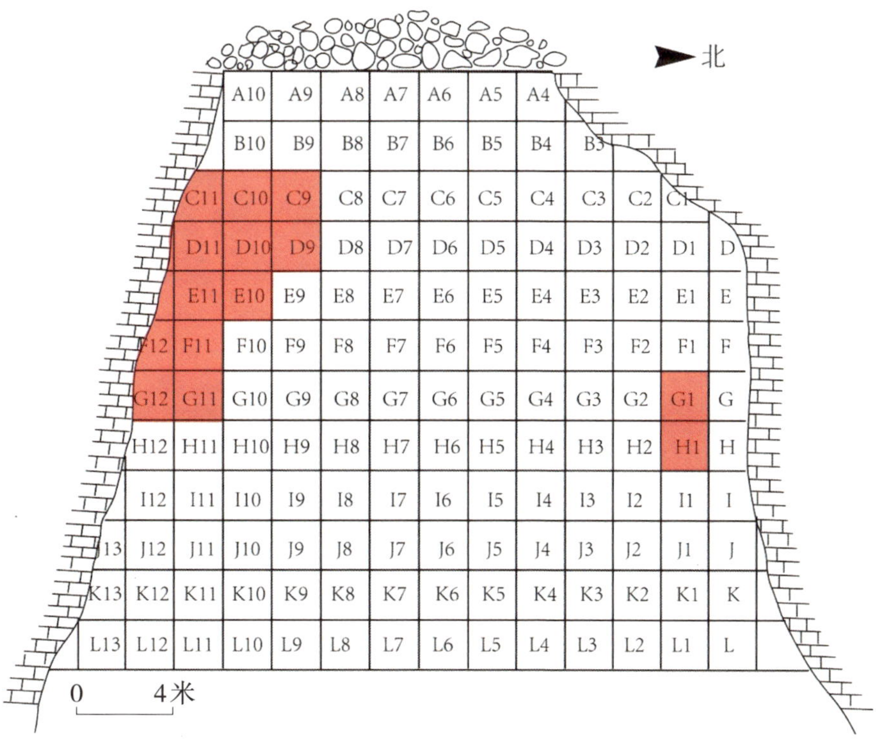

图2.61　1997—1998年度发掘区域（红色标记）

图2.62　颜昌晋局长在发掘现场

图2.63　清理洞口表土

图2.64　挑表土

图2.65　清理洞壁岩块

开工前，巫山县文化局颜昌晋局长亲临现场（图 2.62），建议我们先把南侧西壁洞口（通往龙洞）附近的表土清理干净（图 2.63～图 2.65），再往下发掘。这个建议与我们的计划是一致的，于是立即开展工作。

准备工作就绪后，我和徐自强来到南侧第 3 ～ 6 水平层 C11、C10、D11、D10、E11、E10、F11 各探方发掘，由于这些探方距洞壁较近，层中含较多的石灰岩角砾。一工人见后感到角砾被钙质胶结不易挖掘，于是建议换把小铲。依其所述，挖起来得心应手，不一会露出几块角砾，其中一件形态特殊，一边光滑一边似有打击疤痕，徐自强小心翼翼地拾起并用剔针剥掉附着在表面的钙质土，原来是一件意图明确的石核工具（图 2.66）。

接下来继续在第 4 ～ 6 水平层相关探方内发掘。我们经过细心寻找，特别是石灰岩角砾，件件过目，终于发现具有人工痕迹的 7 件石器，其中 2 件出自第 5 水平层，5 件出自第 4 ～ 6 水平层。以泥质灰岩为原料的占 6 件，另 1 件原料为含碎屑的灰岩。器型包括石片、薄刃斧和砍砸器（图 2.67 ～图 2.72）。

图2.66　石核工具

图2.67　石片

图2.68　孔贝哇石片

图2.69　薄刃斧

图2.70　砍砸器一

图2.71　砍砸器二

图2.72　砍砸器三

图2.73　贾兰坡院士察看龙骨坡石器

这批材料运回北京后，经资深考古学家贾兰坡院士（图 2.73）、黄土之父刘东生院士（图 2.74）、北京大学考古学家吕遵谔教授（图 2.75）、英国考古学家罗宾·丹内尔（Robin Dennell）（图 2.76）等鉴定认为，龙骨坡遗址出土的石制品最明显的特点是就地取材，不刻意选择石料，人工痕迹明显，技术面貌原始、随意，大小器物并行使用，龙骨坡遗址是目前东亚地区最早的人类文化遗存，中华远古人类起源的根系之一。

图2.74　刘东生院士察看龙骨坡石器

图2.75　吕遵谔教授察看龙骨坡石器

图2.76　英国考古学家罗宾·丹内尔（Robin Dennell）（右一）与侯亚梅研究员（左一）讨论龙骨坡石器

龙骨坡遗址石制品得到了各位专家的认可，这是对我们工作的鼓励，同时也是对“巫山人”属性的进一步肯定。

1998 年是第二轮发掘的最后一次发掘。本年度的发掘人员除了黄万波、长绍武、徐自强、税明轩、李志伟等，增加了中国科学院古脊椎动物与古人类研究所顾玉珉、北京市文物管理所吴梦麟。按计划，本年度的发掘区域除了南侧的第 6 ~ 8 水平层，北侧也要选点试掘。

10 月 2 日正式开工，在南侧 C9 ~ C10、D9 ~ D10、E9 ~ E10、F11 ~ F12、G11 ~ G12 各探方发掘，方法仍然是先在探方内寻找，寻找过的泥土移出探方再寻找，并与筛洗结合，力争有新发现。

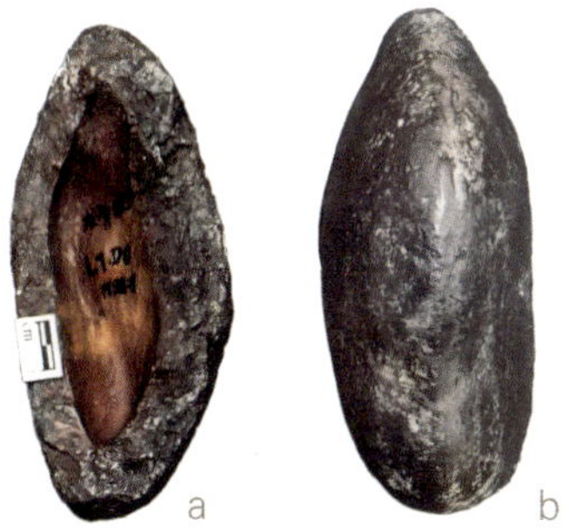

图2.77　铁质结核
a.腹面；b.背面

工人龙代清在第 8 水平层 E9 ~ E10 探方发掘，当往下挖至 30 厘米处时发现一件破裂的铁质结核，顺手递给我，“您看这东西有点意思”。我边看边说，“从其断面形态分析，断口不规则且有磨蚀痕迹，显然是埋藏前破裂的，更值得关注的是在截面弧度稍宽的一侧呈现不规则的疤痕，在背面中部还呈现不规则的砸痕”（图 2.77）。显然，可以排除自然破裂，于是建议寻找破裂的铁质结核另一半，龙代清心领神会，抡起小铲往下挖。然而挖了许久无果。但是，与出土铁质结核相连的 C9 探方隔梁下却挖出一截残破趾骨近端，从其断面看，未经搬运磨损，于是扩大作业面寻找其远端，很幸运，在 0.6 ~ 0.8 平方米范围内觅到了两小块，三者拼接严丝合缝（图 2.78 ~ 图 2.79），这种埋藏现象着实令人深思！

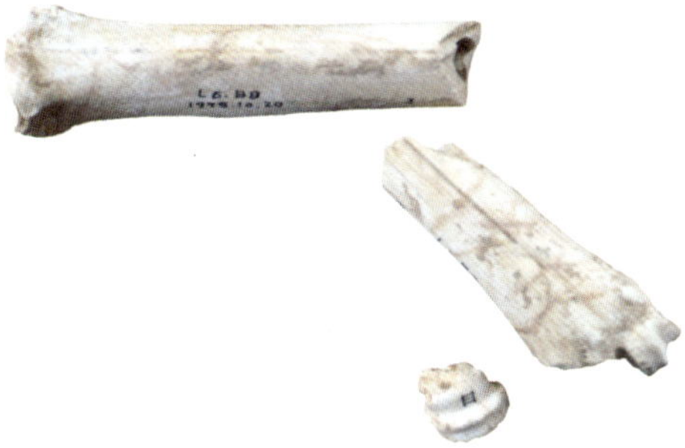

图2.78　断裂的趾骨

图2.79　拼接后的趾骨

更有趣的是，工人龙代清在第 7 水平层 G11 探方挖出一件马趾骨。收工包装之时，注意到马趾骨近端凸起个疙瘩（图 2.80），高出骨体 1 ~ 3 毫米，在放大镜下观察，疙瘩无伤痕。

1995 年，我在日本参观一个赛马场，从中了解到马儿过度奔跑对骨体有损伤，尤其是趾骨的伤痕愈合后就会形成疙瘩（图 2.81）。这一情节与龙骨坡第 7 水平层 G11 探方出土的趾骨上的疙瘩如出一辙。

眼下面临的挑战——龙骨坡遗址出土的这件马趾骨上的疙瘩是如何形成的？是什么因素促使马儿奔跑？是“巫山人”追逐所致？还是食肉类动物诸如锯齿虎追逐造成的？依我之见，两种因素都有可能，或许人为因素大一点，因为该趾骨出土于龙骨坡遗址而不是旷野。

图2.80　马趾骨伤痕愈合后形成的疙瘩（上端隆起处）

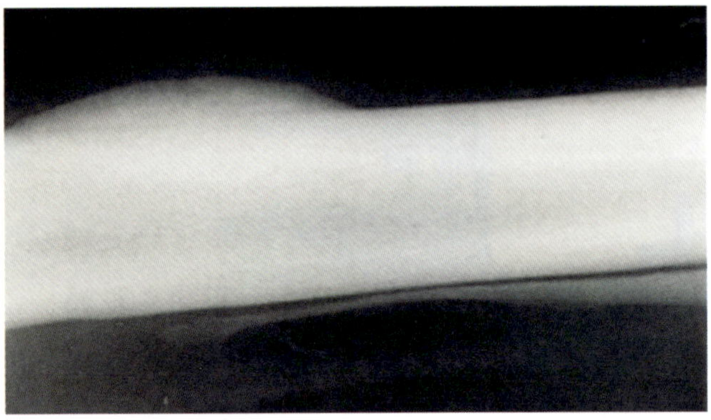
图2.81　赛马场马趾骨伤痕愈合后形成的疙瘩（上端隆起处）

11 月中旬，如前所述，我和工人龙代清来到龙骨坡遗址北侧（图 2.82），在第 7 ~ 8 水平层 G1、H1 探方发掘，随同一起来的还有顾玉珉、吴梦麟、徐自强和李志伟。龙代清有个建议，他在剖面上挖大块，尔后运到洞边请徐自强、顾玉珉和吴梦麟从大土块里找化石（图 2.83），我十分赞赏。说来有趣，顾玉珉掰开一个含小角砾的大土块，就发现了 1 枚巨猿牙齿。收工之时，徐自强从土块里不仅掰到 1 枚巨

图2.82　龙骨坡遗址北侧

图2.83　土块里寻找化石

猿牙齿，而且掰到小哺乳动物的牙齿和肢骨。此时，龙代清还挖到一件看似石器的标本，修复后远端部分有一斜刃，近端部分呈方形，材质为石灰岩（图 2.84）。

第二轮发掘结束之时，巫山县文物管理所对遗址围墙进行了维修，并在东边建起了台阶（图 2.85）。

在本轮发掘结束之时，还产生了一个花絮，即"龙骨坡巫山古人类研究所"的成立。

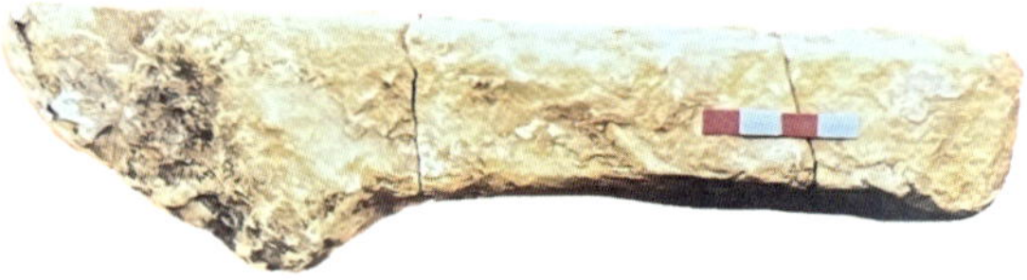

图2.84　疑似石制品

图2.85　加固了遗址围墙、增添了台阶

图2.86　龙骨坡巫山古人类研究所

图2.87　龙骨坡史前文化志

1998年，在国家图书馆副馆长徐自强的建议下，在巫山县、庙宇镇政府的大力支持、资助下，我们成立了民办研究所，名曰“龙骨坡巫山古人类研究所”（图2.86），其目的是更好地开展野外调查和室内研究。与此同时，经中华书局批准，创办了《龙骨坡史前文化志》（图2.87）。

第三轮发掘（2003—2006）

为进一步论证龙骨坡遗址石制品的性质和埋藏石制品的地层岩相特征等相关问题，中国科学院古脊椎动物与古人类研究所黄万波、侯亚梅、赵凌霞，国家图书馆徐自强等与法国巴黎第十大学考古学家博依达（Eric Boëdae）、地质学家米歇尔（Michel Rasse）、动物考古学家克里斯托夫（Christophe Griggo）、武汉大学研究生李英华等联合开展了龙骨坡遗址第三轮发掘（2003—2006），这是龙骨坡遗址自发现以来首次对外开放的国际合作项目，希望在前两轮发掘的基础上能有新发现。

本轮发掘探方依旧用第一轮的模式（图 2.88），出土物的三维坐标测量首次使用新设备全站仪（图 2.89）。

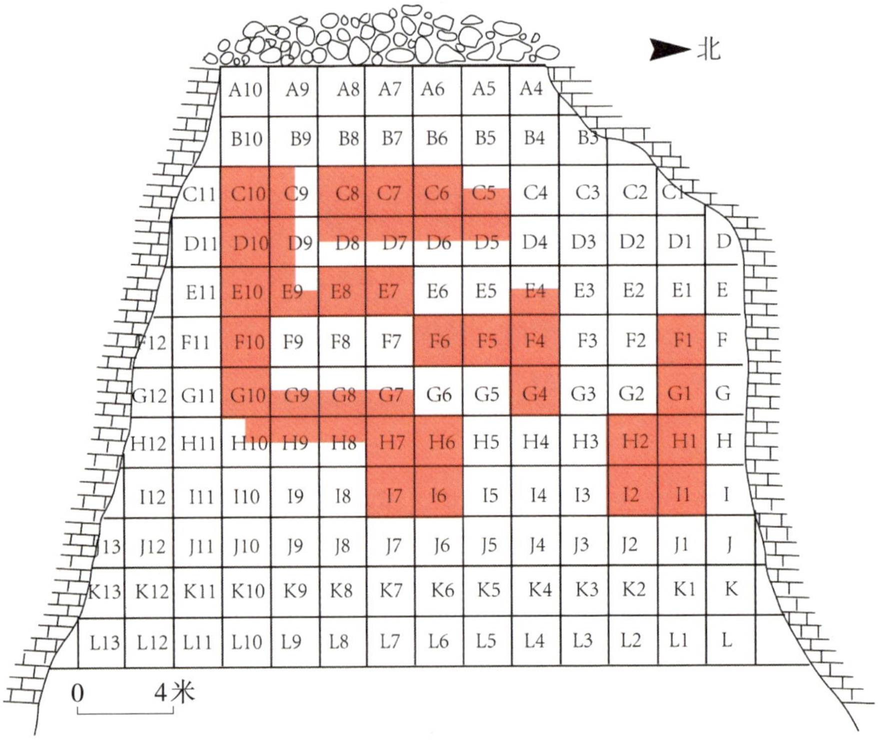

图2.88　2003—2006年度发掘区域（红色标记）

图2.89　全站仪调试

本轮发掘根据博依达的要求，团队计划对遗址堆积层序、南北剖面对比以及地质构造等作深入研究，因此需要扩大发掘面积和适当挖掘探沟，通过较完整的地层关联来复原遗址的形成过程、确定石器出土的精确层位。

在中外学者的共同努力下，的确成果显著，概括如下。

发现石制品

开工不久，我在北侧探沟的褐色黏土夹角砾的堆积中发现几件石块，其中有的表面似有疤痕（图 2.90）。之后，发掘区陆续出土了不同类型的石制品，为了完整记录这些标本的原始埋藏状态，我让发掘者测量三维坐标后还对出土现场进行了拍照（图 2.91 ~ 图 2.99）。

图2.90　似有片疤的石块

图2.91　大石片
a.背面；b.腹面

图2.92　石制品一

图2.93　石制品二

图2.94　砍砸器一

图2.95　砍砸器二

图2.96　薄刃器一

图2.97　薄刃器二

图2.98　石墩

图2.99　大型砍砸器

图2.100　鬣狗（*Pachycrocuta* sp.）上第四前臼齿

图2.101　萌发的巨猿（*Gigantopithecus* sp.）臼齿

发现哺乳动物化石

2004 年 11 月 15 日，工人龙代清在北侧褐色黏土层挖得一枚鬣狗上第四前臼齿（图 2.100）。他在测量包装完后提醒我，这个层位还有希望发现化石，于是扩大作业面，如他所料，在出土鬣狗牙齿的含钙黏土中挖得一枚巨猿牙齿，后经赵凌霞鉴定为萌发的巨猿臼齿（图 2.101）。这一发现引起了大家的高度重视，动物考古学家克里斯托夫（Christophe Griggo）于是建议，继续寻找，含巨猿牙齿的泥土也不可放弃，再次过筛寻找（图 2.102 ~图 2.103）。

图2.102　继续寻找巨猿化石

图2.103　过筛寻找巨猿化石

图2.104　肢骨出土时的情景

发现肢骨砍砸痕迹

参与龙骨坡遗址发掘的法国学生 Roxane Rocca 在挖掘的探沟中采集到一截肢骨（图 2.104），类似情况在南侧探方亦有发现，而且骨体破裂，表面呈现砍砸痕迹（图 2.105 ~ 图 2.107）。

图2.105　砍砸现象一

图2.106　砍砸现象二

图2.107　砍砸现象三

发现含大量肢骨化石和石器的人类活动面

这一年（2004），风调雨顺，不断有所发现。至今记忆深刻的是，当时我为了查看第 2 堆积单元第 3 水平层的岩性，在清理地表杂草和次生堆积物时发现了零星碎骨（图 2.108），起初不以为然，当沿着碎骨往下挖，出现了一节似牛类的管状骨，旁边还伴有石制品（图 2.109）。这突如其来的埋藏现象引起了我的高度重视。于是建议扩大作业面，当埋藏管状骨周围的表土被全部揭开，出人预料，骨头越来越多，彼此交叉、重叠在一起，动物考古学家克里斯托夫仔细观察后认为，差不多都是偶蹄类动物的，建议再扩大作业面按探方有序发掘（图 2.110）。

图2.108　清理表土杂草时发现零星碎骨

图2.109　出现管状骨和石器

图2.110　沿着管状骨扩大作业面

为展示发掘现场全景，我在南侧洞壁高地拍下了遗迹出土情形（图 2.111）。接着连拍了发掘现场全过程（图 2.112 ~图 2.115）。

图2.111　北望遗址发掘场景

图2.112　近观发掘场景一

图2.113　近观发掘场景二

图2.114　遗址西南望发掘全景

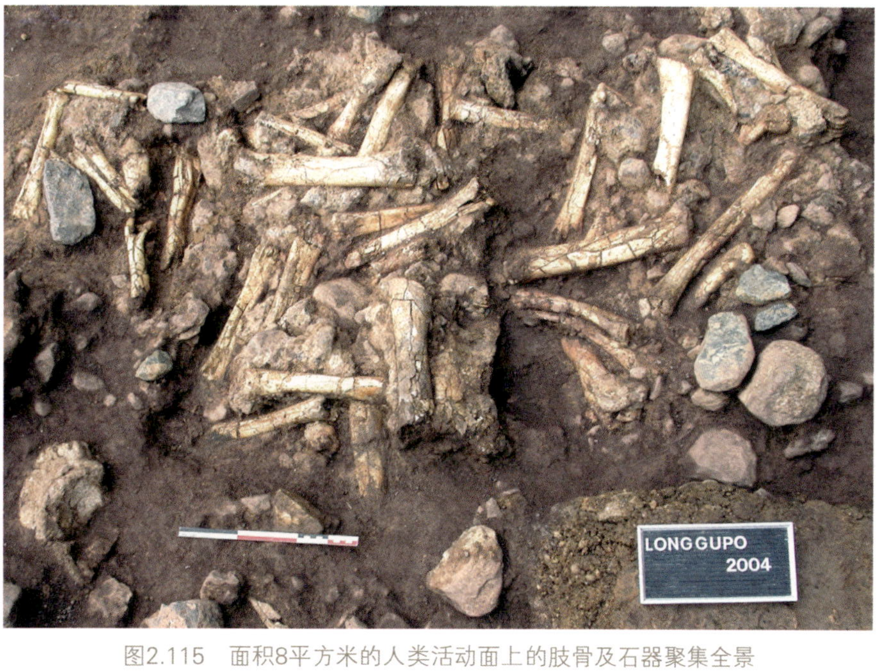

图2.115　面积8平方米的人类活动面上的肢骨及石器聚集全景

图2.116　复制肢骨模型

当保存完好的骨化石完全暴露后，在正式提取前，我建议，用翻模技术复制模型为未来研究、旅游参观之用，团队成员均表示赞同。于是我邀请中国科学院古脊椎动物与古人类研究所付华林技师前来龙骨坡遗址复制（图 2.116 ~ 图 2.119）。

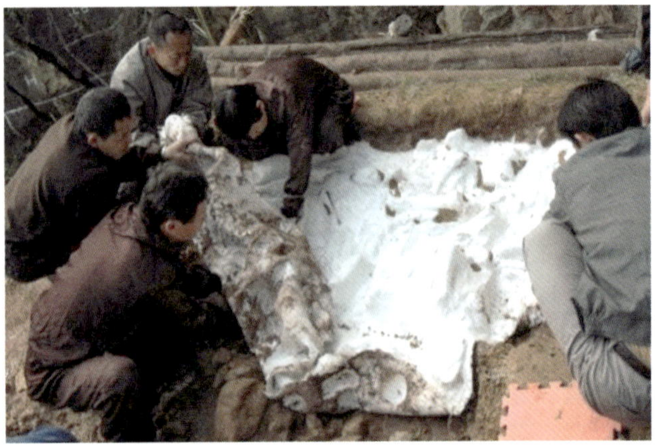

图2.117　提取模具

图2.118　模具上色

图2.119　模具在正型标本原位迎接参观者

感言：在 8 平方米面积内发掘出了这么多的动物肢骨化石（图 2.115），分别属于象（*Stegodon* sp.）、牛（*Bibos* sp.）、鹿（*Cervus* sp.）、麂（*Metacervulus* sp.）等食草动物的前肢和后肢，数量多达 40 节，近 10 个个体，其中以老年和幼年者居多。所有骨体的外部结构未见食肉动物的咬啃痕迹或流水的冲蚀痕迹。反之，骨体外部展现的是人工的砍砸痕迹。在这些肢骨的周边还保存着若干件石制品。针对这些骨骼的特殊埋藏产状，参加发掘的中、外学者一致认为，只有萌生了思维的动物才能创造出这样的奇迹。我随之给这些肢骨一个俗名，称之曰“最后的晚餐”。因为此时期的洞顶极为破损并时有塌落，或许“巫山人”吃完晚餐之后远走他乡！

在此补述一则，本轮发掘即将结束时，也就是 2006 年 11 月 18 日，我在靠北侧的第 9 水平层 H6 探方的探沟查看剖面岩性时，忽然在黏土层见到一小块骨片，测量完产状，用小铲沿着骨片往下挖，出乎预料，骨片越来越多。此时，工人龙代清出于好奇前来挖取，进而惊动了博依达和侯亚梅。他们看后建议，按照“最后的晚餐”那样有序挖掘。我随即插嘴，考虑到时间不多，因为“最后的晚餐”先后发掘了三年，还是留给第四轮发掘为好。

石笋验证了龙骨坡是一个有洞顶的溶洞

从第一轮发掘开始，我就注意到从洞顶塌落的岩块和洞壁的钙质沉积，这些迹象都表明龙骨坡早年是一个有洞顶的溶洞。但在同仁的讨论中未能得到认可，特别是法国地质学家米歇尔一直持保留态度。然而随着发掘工作的推进，于 2006 年深秋，一个晴朗的日子，米歇尔在遗址南侧第 8 水平层挖掘探沟（图 2.120），不料挖出一凸镜体状的“钙板”，其上还生长着石笋（图 2.121），米歇尔面对这一情景深深地吸了口气，然后小心翼翼地将其取出，托着它（图 2.122）激动地告诉我：“教授，龙骨坡是一个有洞顶的溶洞。”

图2.120　米歇尔（Michel Rasse）挖掘探沟的情景

图2.121 “钙板”上的石笋

图2.122 米歇尔双手托起石笋的情景

龙骨坡遗址堆积层形成机理分析

从宏观的角度观察，龙骨坡遗址在第一轮发掘中确定的自下至上 3 个堆积单元是对的，这是我与法国地质学家米歇尔的共识（图 2.123），但其形成机理仍不清楚。有鉴于此，我们根据本轮发掘收集的沉积学资料作如下补充：

（1）龙骨坡遗址早期的层位在整套堆积的最下部，即第一堆积单元。岩性为灰色砂质黏土，性致密，干后坚实，可称其为半成岩黏土，厚度 4 米。根据修建遗址保护棚钻孔资料，第一单元厚度 7 米，底部为三叠纪嘉陵江石灰岩，两者为不整合状态。

（2）第一堆积单元和第二堆积单元见图 2.124 所示的 B1-B2-C1-C2 和 D 系列。第二堆积单元主要由黏土与含量丰富的砂质土、风化角砾和卵石组成。由于层中发掘出人类化石、大量石制品和百余种脊椎动物化石，故又称其为文化单元。在该单元的堆积物中，有清晰可见的石笋，石笋底部有厚薄不均的小范围的碳酸盐类沉积，

图2.123　我与米歇尔讨论龙骨坡堆积层情景

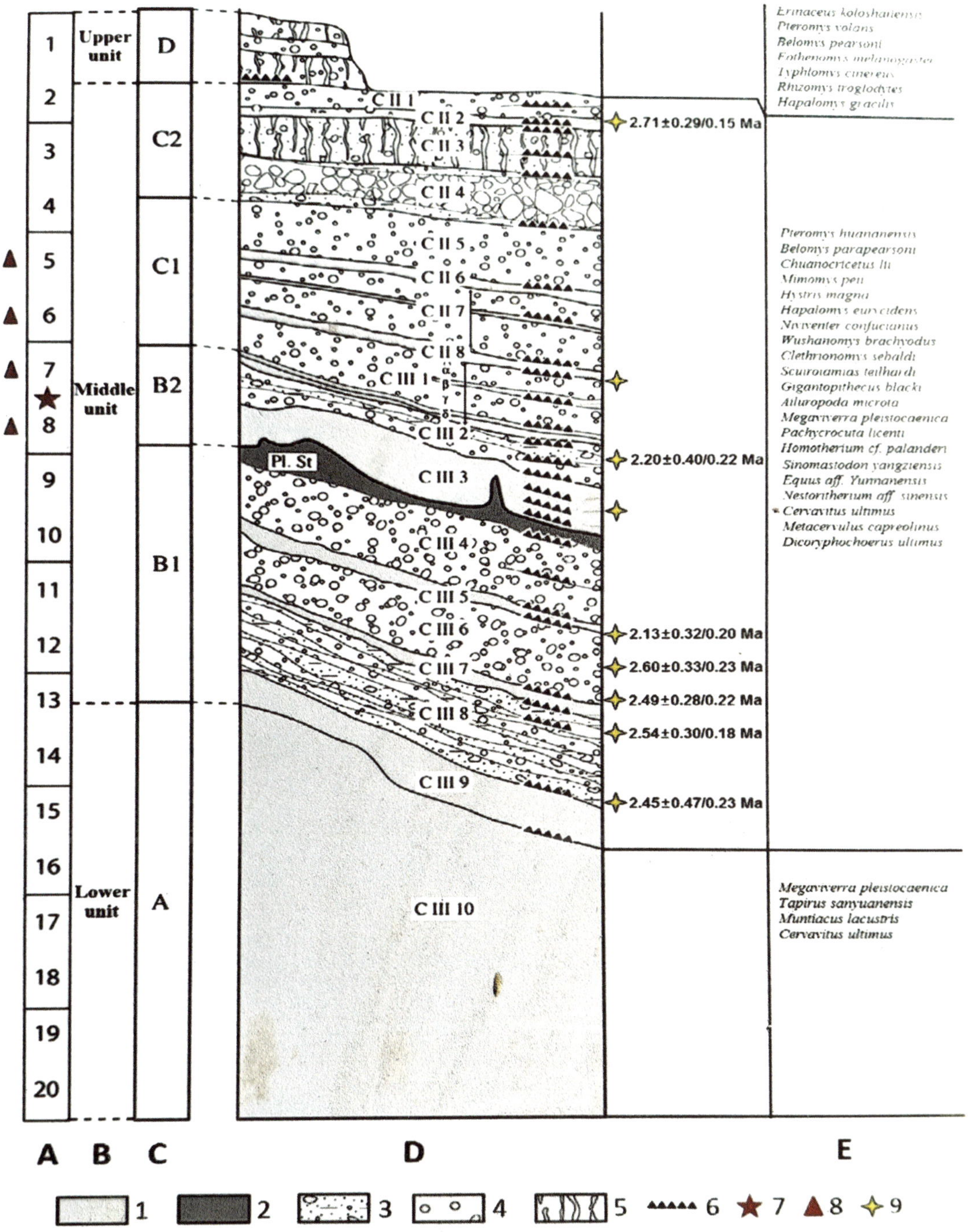

图例说明：

A 黄万波设定的层序

B 上中下堆积相单元

C 2003—2006年使用的层序

D 堆积地层及文化遗存

E “龙骨坡动物群”部分成员

1 下部灰色黏土层

2 石笋及钙华沉积

3 砂质黏土夹角砾

4 较粗砾石及风化角砾

5 角砾岩堆积

6 文化遗存标志

7 “巫山人”化石层位

8 巨猿化石层位

9 ESR测年层位

图2.124　龙骨坡遗址地层综合柱状图

图2.125　黏土地层局部滑动

即“钙板”。第二堆积单元物质的厚度向东逐渐加大，这恰恰表明可能由于受到山谷地层下泄的影响，出现了不同的沉积情况，地心引力作用在此表现得非常明显，例如黏土层泥滑、局部断裂（图 2.125 ~ 图 2.126），从而导致地层结构发生改变，但它丝毫不影响我们对文化层的识别。就是说，我们分别在粗糙岩层和黏土层中找到了人类活动面及其遗留物，同时在不同层位发现了石制品，很好地再现了曾在龙骨坡活动过的“巫山人”的生活情景。

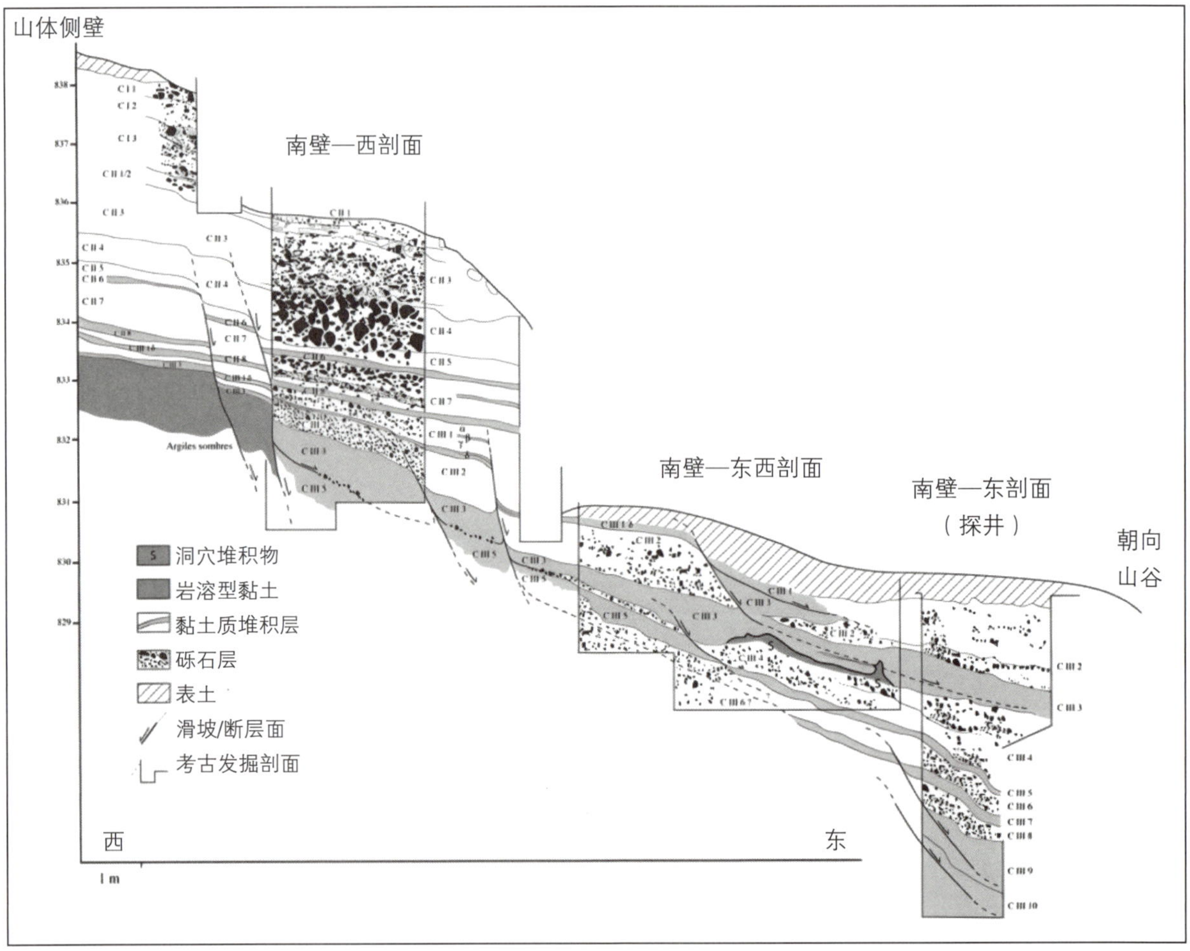

图2.126　东西向剖面展现的断裂、滑动现象

（3）第三堆积单元覆盖于第二堆积之上，岩性为洞顶塌落岩块，厚 8 米。这层厚实坚硬的角砾岩，对下面即第二单元堆积的文化层起到了很好的保护作用（图 2.127）。

尾声：第三轮发掘（图 2.128）期间，龙骨坡遗址围墙大门正在修建中，也许第四轮发掘可出入于大门了（图 2.129）。

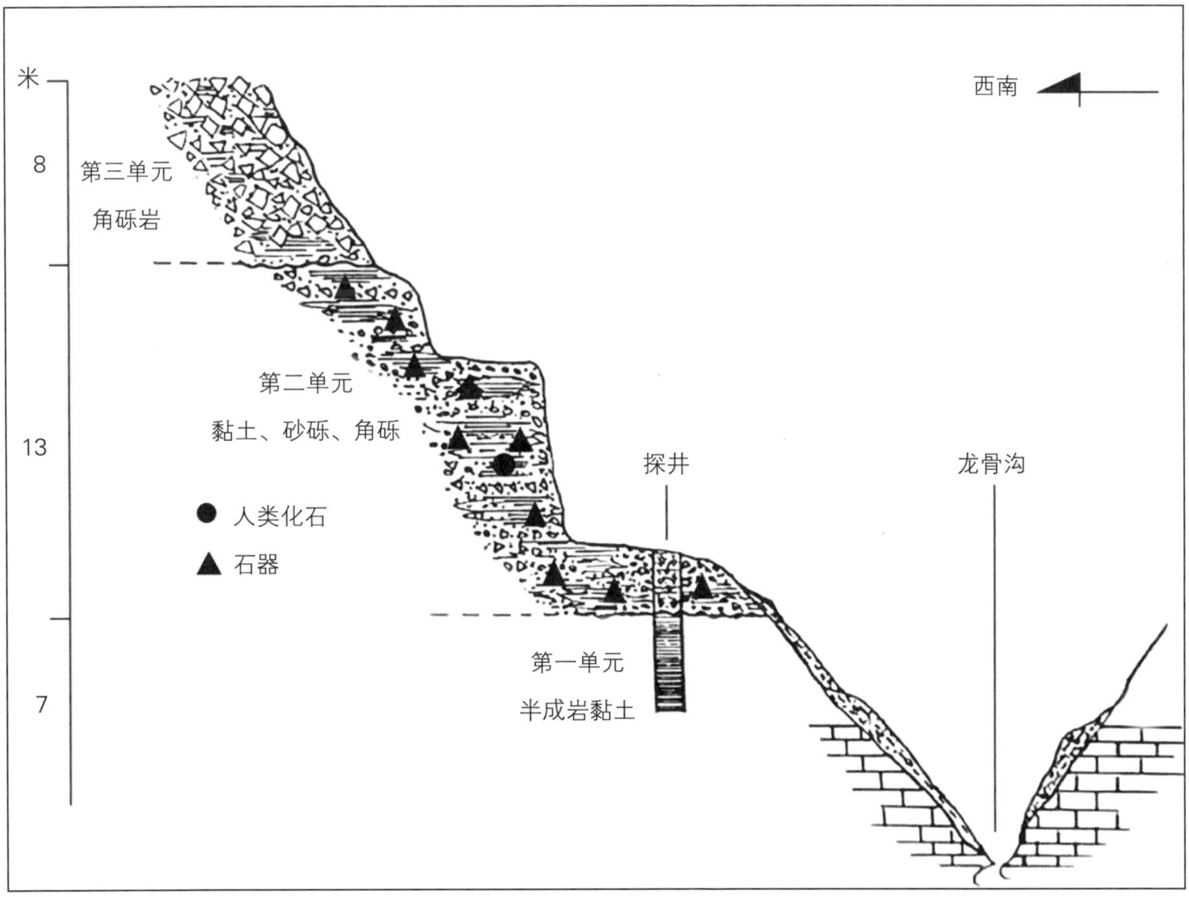

图2.127　三套堆积单元地层剖面及其文化带

图2.128　第三轮发掘队员合影

图2.129　龙骨坡遗址围墙、大门即将完工

第四轮发掘（2011—2012）

第四轮发掘由重庆中国三峡博物馆古人类研究所主持，历时两年（2011—2012），发掘亦用第一轮的探方模式进行（图 2.130）。

2011 年是本轮发掘的开端，主要任务是发掘前文提到的第三轮接近尾声之时发现而未发掘的大量骨化石。

有关此事之由来不妨复叙几笔：2006 年 11 月 18 日，我曾在靠北侧的第 9 水平层 H6 探方的探沟查看剖面岩性时，在黏土层见到一小块骨片（图 2.131），之后用小铲沿着骨片往下挖，发现越来越多的骨片。博依达和侯亚梅看后觉得可按照“最后的晚餐”那样有序挖取。我认为本轮发掘时间接近尾声，建议留给第四轮发掘。

我的这个建议让这堆骨化石在第四轮发掘者的手下露出了庐山真容！

2011 年 10 月 28 日上午 8 时许，在工人龙代清的指点下，队员们来到第 9 水平层 H6 探方第三轮发掘队尚未挖取的骨化石跟前，用小铲挖开遮盖骨化石的松土，一幅壮丽的景观展现在来者面前（图 2.132 ~ 图 2.138）。

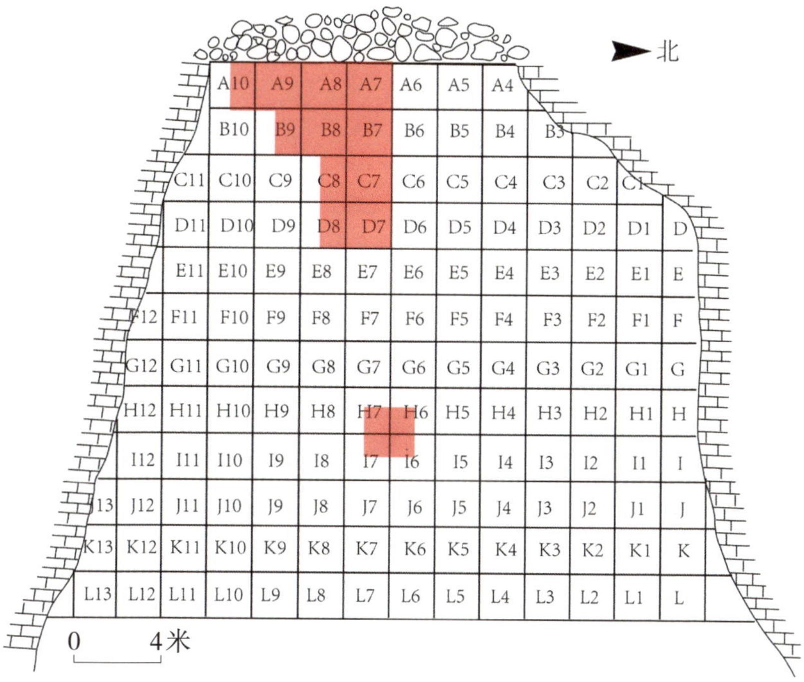

图2.130　2011—2012年度发掘区域（红色标记）

图2.131　发现骨片

图2.132　人类活动面骨骼聚集情景

图2.133　发掘队员开始工作的情景

图2.134 埋藏情境局部放大一：骨骼间有石制品

图2.135 埋藏情境局部放大二：骨关节彼此相连

图2.136 埋藏情境局部放大三：骨骼呈现砍砸痕迹

图2.137 埋藏情境局部放大四：
骨体有钻孔、有刮削面

图2.138 埋藏情境局部放大五：砸骨现场

当骨骼化石完全清理出来后，我与领队魏光飚商议，借鉴第三轮发掘“最后的晚餐”那样复制模型。光飚十分赞赏，在龙文银技师的操作下，复制工作顺利完成，原始标本得到了完好的保护（图 2.139 ~ 图 2.143）。

2012 年是龙骨坡遗址第四轮发掘的第二年，前述 2011 年度主要是清理第三轮发掘遗留的大量骨化石，2012 年度才正式地布方发掘。参加本轮发掘单位及人员有：中国科学院古脊椎动物与古人类研究所

图2.139　涂抹硅橡胶

图2.140　加固硅橡胶

图2.141　提取模具

图2.142　抬起模具

图2.143　放平模具

黄万波、杨石霞、张立民，重庆中国三峡博物馆古人类研究所魏光飚、贺存定、秦利、张小虎、龙文银、张真龙、刘光彩，巫山博物馆裴健，奉节县博物馆雷庭军，领队魏光飚。

10 月 15 日进入龙骨坡遗址，根据领队魏光飚的建议，本次发掘区域应放在第 2 单元上部，即第 2 ~ 6 水平层作业，一是厘清第 2 单元与第 3 单元的接触关系，二是寻找人化石、石制品特别是人类活动面。

在正式发掘之前，还举办了开工仪式。发掘开工仪式上，巫山县政府、巫山博物馆、庙宇镇政府等各级领导出席表示祝贺！根据习俗还放起了鞭炮！（图 2.144）

图2.144　第四轮发掘（2011—2012）开工仪式

开工仪式结束，队员进入发掘区。抵达发掘现场时，犹如来到一个无人问津的荒野。这是由于第三轮发掘结束后遗址长期暴露在外，风吹雨淋，杂草丛生（图 2.145），之后在队员们的共同努力下，彻底清除了地表植被，使原始堆积地层重新露出来（图 2.146）。

图2.145　第三轮发掘后遗址处于露天，杂草丛生

图2.146　清除杂草后的状态

接下来的工作，查看东西基线和地层岩性，罗盘测量地层走向，布设探方者用棉线拉好了方格。此时，秦利把新购置的全站仪支架起来，真是一幅欣欣向荣的景象！（图 2.147 ~ 图 2.150）

图2.147　查看东西基线内岩性变化情况

由于地势不平，此次发掘只好分组进行，一组在第 3 水平层，一组在第 6 水平层（图 2.151）。工作面揭开后，队员们专心致志地注视着眼前的出土物，哪怕是小块骨片也不轻易放过，立刻插上标签，尔后定点测量、描述和拍照（图 2.152 ~ 图 2.154）。

图2.148　罗盘测量发掘区堆积层产状

图2.150　调试全站仪

图2.149　发掘地点位于遗址南侧第2～5水平层

图2.151　发掘情景一

图2.152　发掘情景二

图2.153　探方出土物分布场景

图2.154　记录探方出土物

发现河马等哺乳动物化石

开工一周，出土物均为哺乳动物化石，其中最有趣的是发现一枚疑似河马（*Hippopotamus* sp.）下犬齿（图 2.155）。接着又出土疑似豹（*Panthera* sp.）下臼齿（图 2.156）和丽牛（*Leptobos* sp.）下臼齿（图 2.157）。

连日来出土的破碎的哺乳动物化石较多，工作人员将其清洗、晒干、入库（临时储藏室）保存（图 2.158）。

图2.155　疑似河马（*Hippopotamus* sp.）下犬齿

图2.156　疑似豹（*Panthera* sp.）下臼齿

图2.157　丽牛（*Leptobos* sp.）下臼齿

图2.158　清洗化石

发现石制品

第四轮发掘出土的石制品，位于第 5 水平层者较多，其埋藏地层多为褐色岩溶型黏土，而且石器表面几乎都黏附着碳酸盐类物质，给采集工作增加了难度。本书中展现的标本均是经过测量、编号和修复后的模样（图 2.159 ~ 图 2.165）。

图2.159　讨论石块上的痕迹

图2.160　石片

图2.161　砍砸器一

图2.162　砍砸器二

图2.163　修复凸刃器的情景

图2.164　原手斧
a.背面；b.腹面

图2.165　手镐
a.背面；b.腹面

本轮发掘即将结束时，国家文物局关强和重庆市文物局幸军同志一行前来龙骨坡遗址检查、指导工作（图 2.166）。

图2.166　关强、幸军考察龙骨坡遗址

这里再叙一花絮，发掘队里的刘光彩队员善于缝缝补补，工地上的马扎只要出现破绽，她就一针一针地缝好，不言而喻，既省钱又使大家坐来安心踏实（图 2.167）！

图2.167　早有所备的针线随时缝补

发掘工作告一段落，全体队员在修建完成的遗址门前合影留念（图 2.168 ~ 图 2.169）。

图2.168　龙骨坡遗址围墙及大门修筑完成

图2.169　第四轮发掘队员合影

第五轮发掘（2023—2024）

2023 年，距离龙骨坡遗址上一轮考古发掘已过去整整 11 年。随着早期人类起源与演化问题受到越来越多的关注，重启龙骨坡遗址的发掘再次被提上议程。在国家文物局、重庆市文物局的支持下，由重庆中国三峡博物馆主持，武汉大学、中国科学院古脊椎动物与古人类研究所、巫山县文物管理所（巫山博物馆）组成的联合考古队重新踏上庙宇镇的土地。

曾经参加第三轮中法联合发掘的李英华，已经成长为武汉大学历史学院教授，担任第五轮发掘领队，我作为发掘顾问全程参与，重庆中国三峡博物馆廖汝雪任现场负责人，同时参与联合发掘的还有三峡博物馆刘华成、赵雄伟、傅裕、胡鑫、李磊、刘光彩，巫山博物馆袁毅。和前几轮发掘最大的不同是，有许多研究生轮番参与发掘，包括武汉大学王腾飞、刘文丹、陈彦伊、曾晨茹、岑卉，云南大学黄曼琛、柳华霖，河北地质大学全永涛、齐海燕、张彤，他们不仅有旧石器考古、测年学、古生物学的学科知识，而且为龙骨坡带来一抹年轻的色彩与活力。

照例，本年度举行了开工仪式。值得一提的是，开工仪式是在遗址建起牢固的挡墙和灰色的弧形保护棚内举行的（图 2.170）。

图2.170　修建保护大棚后的龙骨坡遗址全景

两大核心问题与新一轮发掘方式

新一轮的发掘围绕两个核心问题展开，这是对遗址认识不断深入后，研究者自己给自己提出的两大难题：一是“巫山人”下颌骨属于人还是猿，如果属于猿，发现于遗址的大量石制品又是出自谁手？二是出土石灰岩石器的人工性质能否进一步明确，破除学界长期以来认为石灰岩不适宜作为石器使用的偏见。

简而言之，破除两大难题的关键性证据是发现“巫山人”化石，发现多种原料的石制品。有了新材料，自然就有说服力，因而团队迫切希望在本轮发掘中能有所发现。

2023 年 8 月 16 日，围绕这两个核心问题，本轮发掘队开始按照《田野考古操作规程》和《旧石器时代考古遗址发掘与记录规范》，对遗址进行精细化发掘。经历了 11 年的沉寂，遗址的面貌与第四轮发掘时已大不相同，保护大棚让遗址隔绝了雨水，过去丛生的杂草、历史照片中作为标记的竹林已不复存在。发掘队花费两天时间，在遗址上找到了前几轮发掘留下的基点（图 2.171），以这一基点为准，在遗址靠近北部洞壁位置布设了 30 个 1 米 ×1 米的探方（图 2.172），这样就将本次发掘与前几轮统一在同一个坐标体系中，便于整体研究。

本年度的发掘位置选定在北侧，考虑北侧的主要原因是，第三轮发掘的第二年（2004）在北侧第 9 水平层发现一枚还未萌出的巨猿臼齿（见图 2.101），而且未风化或溶蚀，表明与腭骨脱离时间有限。另一考虑，龙骨坡北侧尚未进行过系统有序发掘。有鉴于此，选定北侧是适当的（图 2.173 ~图 2.175）。

图2.171　李英华教授带领团队寻找前几轮发掘基点

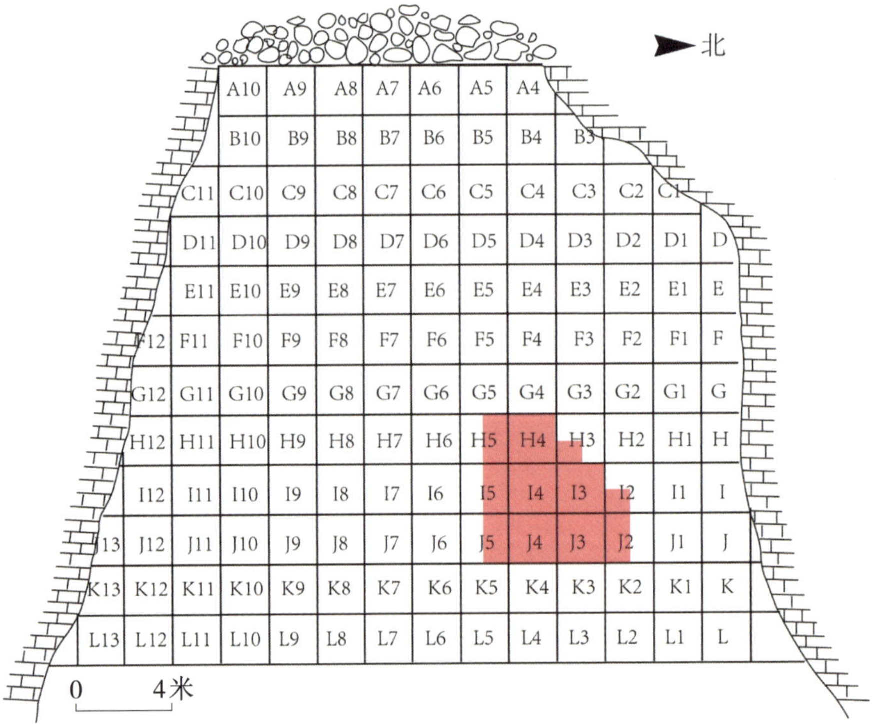

图2.172　2023年度发掘区域（红色标记）

图2.173　在选定地点用棉纱线布方的情景

图2.174　开始发掘的情景

图2.175　出土物登记、编号情景

图2.176　工作人员对局部堆积进行清理

图2.177　工作人员对出露文物进行拍照

图2.178　工作人员使用全站仪对遗物三维坐标进行记录

发掘仍采用水平层与自然层相结合的方式。每个探方首次按5厘米水平层往下发掘，一旦遗物出露，工作人员会随即用彩色图钉固定标记位置，整层发掘完毕后，对遗物进行编号、登记、拍照，并使用全站仪记录三维坐标，同时进行产状测量和绘图。完成这些步骤后小心提取遗物（图2.176～图2.181），尔后继续按水平层下挖。每个自然层揭露，都要进行航拍，以记录发掘情况。参与发掘的当地工人，有一大部分参与过前四轮发掘，面对新的发掘要求，虽然疑惑“怎么挖得这么慢”，但很快适应而且按规程行动。

图2.179　工作人员为探方水平层进行三维建模

图2.180　工作人员对出土遗物进行提取

图2.181　绘制洞穴成因素描图

发现大量石制品

发掘开始后不久，在发掘区西侧的三个探方中，开始有大量的石制品露头。此后发现的石制品大多也来自这三个探方。西侧地势最高，负责探方发掘的武汉大学研究生王腾飞每天在探方里爬上爬下，清理、标记、绘图的数量是其他探方的数倍（图 2.182）。

本年度发现的石制品不仅数量多，而且都是轻度磨蚀或风化的角砾，也有少量次圆级卵石，合起来 800 余件（图 2.183）。为了辨别石制品岩性，我常与一起工作的学生在庙宇河畔实地考察与讨论（图 2.184）。

图2.182　武汉大学王腾飞对出土石制品进行产状测量

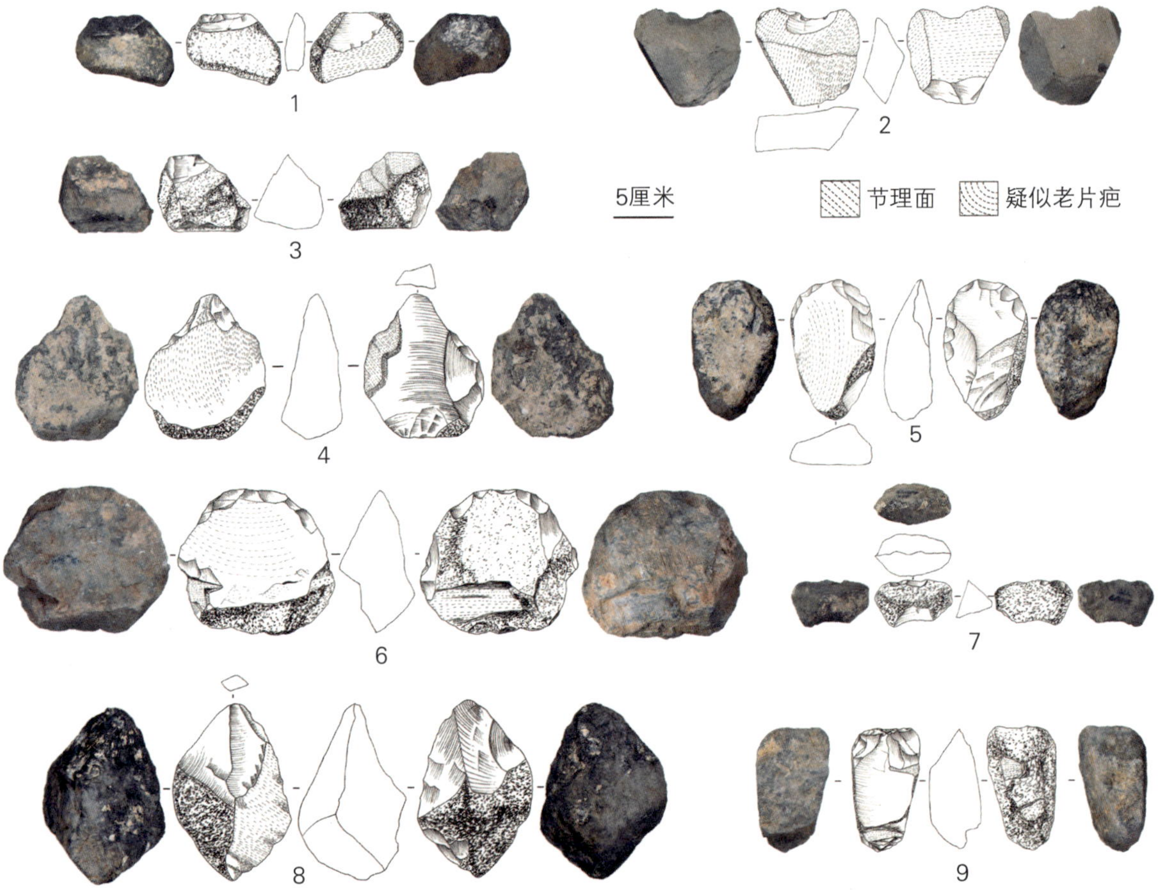

图2.183　龙骨坡遗址2023年出土的部分石制品

图2.184　在庙宇河附近为学生讲解石制品岩性分类

如前所述，龙骨坡遗址出土的石制品原料以三叠纪灰岩为主，打制工艺都是硬锤直接锤击，包括石核、石片、工具等，工具主要是刮削器和砍砸器，也发现有少量手镐和尖状器。虽然制作技术还显得比较粗糙，但让大家不解的是，这些石制品似乎十分注重持握部分的把手修理，早期人类真的对工具有这么清晰的理解吗？还有一些石制品疑似有原地破裂埋藏的情况，引起了大家对埋藏原因的讨论。

发现哺乳动物化石

除了石制品，动物化石的发现同样可观，共出土378件。化石类型包括牙齿、肢骨、中轴骨、角、粪便，计有7目21科，其中啮齿目、食肉目、长鼻目、奇蹄目、偶蹄目当中可鉴定至种的标本包括最后祖鹿（*Cervavitus ultimus*）、小猪（*Sus xiaozhu*）、裴氏猪（*Sus peii*）、柳城猪（*Sus liuchengensis*）、云南马（*Equus yunnanensis*）、华南剑齿象（*Stegodon huananensis*）、桑氏粗壮斑鬣狗（*Pachycrocuta licenti*）、山原貘（*Tapirus sanyuanensis*）、小种大熊猫（*Ailuropoda microta*）、中国黄昏爪兽（*Hesperotherium sinense*）等（图 2.185），均为早更新世属种，其中灭绝种占到 94.44%，与龙骨坡遗址历年发掘发现的动物群一致。在动物成员中，偶蹄目占有绝对优势，鹿、牛两科数量尤多。食肉类虽然发现数量不多，但它们是动物群中主要的捕食者，尤其是以啃食骨头著称的鬣狗，是造成破碎骨片的原因之一（图 2.186）。此外，从牙齿形态及磨损情况推测，这批动物化石多为幼年和老年个体。

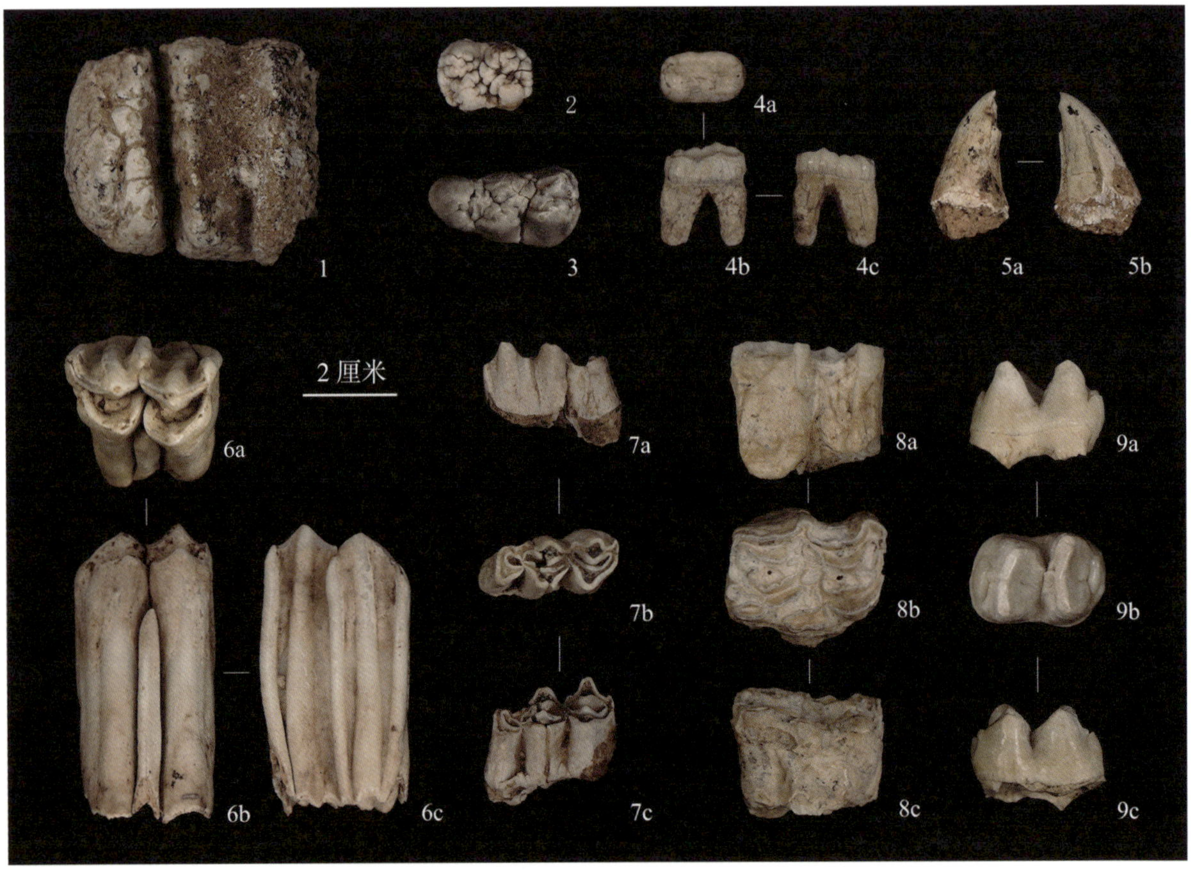

图2.185　龙骨坡遗址2023年出土的部分动物化石

图2.186 遗址现场对哺乳动物化石骨骼痕迹的讨论

筛洗的小哺乳动物化石

为了获得小哺乳动物化石，仍然采用筛洗法，凡是发掘寻找过的泥土，按每个探方、每个水平层分别收集，每天运送至龙骨坡前的庙宇河边筛洗（图 2.187 ~图 2.190），采用三层水洗法，即每层筛网孔径分别为 5 毫米、2.5 毫米和 0.5 毫米。通过层层精细筛洗获得的细粒随即晾晒（图 2.191），尔后挑选。初步统计，发现食虫目、翼手目、啮齿目等小哺乳动物化石 141 件，其中啮齿目化石种类最为丰富，共有 7 科 18 属 25 种，代表性属种有德氏岩松鼠（*Sciurotamias teilhardi*）、大猪尾鼠（*Typhlomys macrourus*）、爱氏长尾巨鼠（*Leopoldamys edwardsi*）、安氏白腹鼠（*Niviventer andersoni*）。小哺乳动物化石组合亦与龙骨坡遗址此前发掘发现的化石种类高度重合，其中小毛猬（亲近种）（*Hylomys* aff. *H. suillus*）、蹄蝠（未定种）（*Hipposideross* sp.）、隐纹花松鼠（*Tamiops swinhoei*）、小巢鼠（*Micromys minutus*）、江山豪猪（*Hystrix kiangsenensis*）等被认为是巫山山地属种。

图2.187　筛洗地点与遗址位置示意

图2.188　筛洗材料从发掘地挑到筛洗现场

图2.189　筛洗工作情景一

图2.190　筛洗工作情景二

图2.191　晾晒筛洗砂粒

发现新层位

在第 1 层棕黄色粉砂质黏土、棕褐色黏土清理完毕后，发掘区东部露出质地较纯净的棕红色黏土层，岩性细腻而致密，干后成龟裂状，局部含哺乳动物化石残块。在东北部 J2a、J2d 探方的这一层位中，还出露 4 件疑似石器，其在岩性、风化程度、打制方式上与西侧探方密集出土的石制品有明显差异。我结合第三轮中法联合在南北侧揭露的剖面对比，初步判断该层时代较晚。正值中国科学院古脊椎动物与古人类研究所研究员付巧妹团队与三峡博物馆合作对玉米洞遗址进行沉积物古 DNA 提取工作，故邀请该团队对本次发掘的第 2 层也进行沉积物古 DNA 土样采集（图 2.192），或许能从中得到新层位的印证。

图2.192　付巧妹团队进行沉积物古DNA土样采集

经过 2023—2024 两年的发掘，在北侧探方的 2、3 层（图 2.193）ESR 测年分别为距今 12 万年、16 万年，沉积物环境分析认为这个层位也比较晚，与庙宇河阶地时代相当。这个新层位的发现，表明 1986 年在南侧第 7 水平层发现的智人门齿在北侧找到了相应层位，由此表明龙骨坡遗址从早更新世至晚更新世均曾是人类的生息之地。

图2.193
1b.表土层；2.褐色黏土；3.黏土夹角砾

开展多学科合作

为了在已有遗址年代框架的基础上进一步厘清新发掘地层的年代，在这次发掘中，团队邀请了云南大学韩非团队对遗址出土的动物牙齿化石开展电子自旋共振法与铀系法联合测年，同时，还对地层中采集的碳酸盐样品进行了 U-Pb 测年工作（图 2.194），韩非老师早年供职于中国地震局地质研究所时也曾受邀对遗址做过相关的测年工作。对 2023 年发掘的遗址北侧地层碳酸盐样品的初步研究结果显示其年代为中更新世晚期至晚更新世早期，这和遗址北侧第 2 层新层位的堆积层序正好吻合。除电子自旋共振法测年外，还邀请中国科学院地质与地球物理研究所邓成龙团队、东华理工大学地球科学学院孙蕗对遗址进行古地磁法测年（图 2.195）。

图2.194　云南大学韩非团队研究生黄曼琛在遗址进行测年样品采集

图2.195　东华理工大学地球科学学院孙璐进行古地磁取样

龙骨坡遗址属于石灰岩溶洞，其物理和化学风化堆积作用更加复杂。如前所述，从溶洞底部到顶部，可分为三套不同性质、不同结构的沉积物，其形成原因和所代表的沉积环境在第三轮发掘中作过机理分析，但是龙骨坡遗址在两百万年的发育过程中，有关其地貌发育演化的背景还值得深入探讨。故邀请首都师范大学张俊娜对前期发掘地层壁上七处土壤进行取样，做土壤的微形态分析，以期获得完整的土壤形态与沉积成因信息。通过观察土壤/沉积物组成成分、质地、结构、微层理、胶结物等，了解成土过程、沉积过程以及人类活动导致的细微变化，恢复溶洞演化的地质地貌过程，重建古气候与古环境，进而复原洞穴沉积物的堆积与埋藏过程，构建地层学年代框架（图 2.196）。

图2.196　北京大学夏正楷教授、首都师范大学张俊娜副教授在龙骨坡遗址进行沉积物分析取样

此外，还与武汉大学测绘遥感信息工程全国重点实验室黄先锋教授、武汉大学文化遗产智能计算实验室密切合作，对龙骨坡遗址进行了实景三维数字化建模工作（图 2.197 ~图 2.200）。

至 11 月 23 日，发掘正式结束。这次发掘通过揭露堆积情况，我们对地层层序、遗物埋藏、洞穴成因等有了更清楚的认识，也为后续的发掘打下了良好基础。

图2.197　武汉大学测绘遥感信息工程全国重点实验室牛文渊进行设备组装

图2.198　架设PPK基站

图2.199　龙骨坡遗址三维模型

图2.200　实景三维模型清晰呈现龙骨坡遗址室内外全貌

2024 年，在 2023 年发掘的基础上开展工作。或者说，这是第五轮发掘的第二年，发掘面积 55 平方米。本年度的发掘队伍由重庆中国三峡博物馆、中国科学院古脊椎动物与古人类研究所、武汉大学、巫山县文物管理所联合组成，武汉大学的李英华教授担任考古发掘项目负责人，我以专家顾问的身份参加本次发掘。参加本年度发掘的队员有：重庆中国三峡博物馆刘华成、赵雄伟、吴雁、廖汝雪、胡鑫、李磊、刘光彩、唐惠普，武汉大学的韦璇、袁增箭、刘文丹、张湘珞、王腾飞、李康康、娄文台、张雯靖，巫山县文物管理所的姚勇，云南大学的韩非、谢君琦、柳华霖，河北地质大学的全永涛等。

发掘队伍于 7 月 1 日晚到达庙宇镇，留宿龙骨坡巫山古人类研究所，7 月 2 日正式开工。本年度的发掘目的是，对历年发掘的地层，包括上、中、下三个地层单元岩性、构造现象以及剖面露头的保存情况进行综合对比，建立展示剖面，以探索早期人类行为演变、加深对龙骨坡遗址整体的认识。

发掘区域

要在南侧建立展示剖面，还得落实到近两年的发掘区。2024 年度的发掘区域分为东北、南部西段和南部东段三个部分：东北发掘区布设规格 1 米 ×1 米的探方 30 个，是在 2023 年度发掘的基础上继续向下发掘；南部西段发掘区新布设探方 25 个，南部东段发掘区新布设探方 16 个，都是在前三阶段发掘的基础上继续向下发掘（图 2.201）。

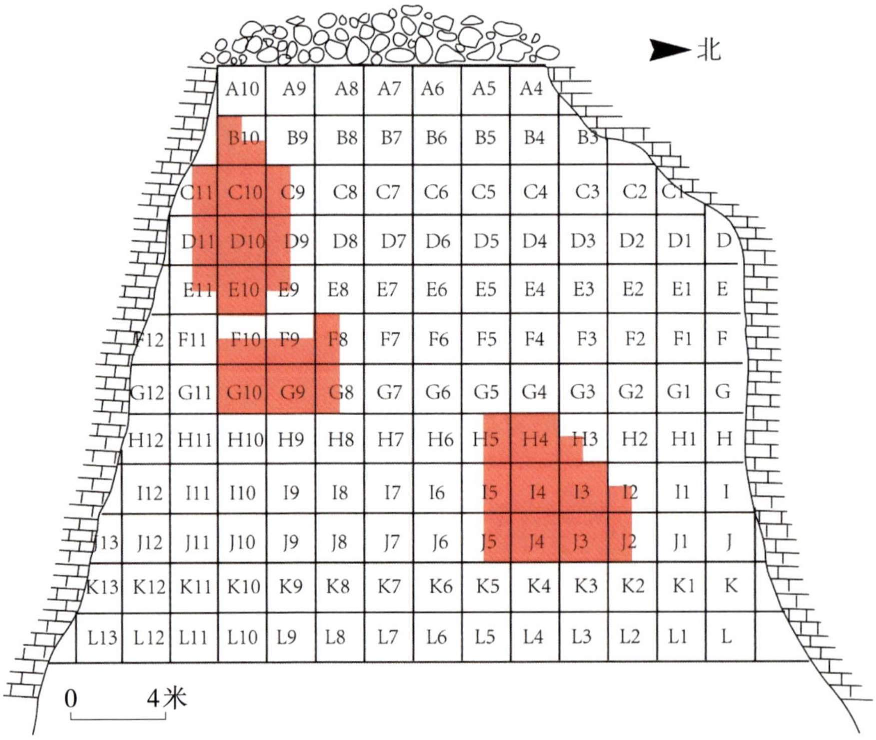

图2.201　2024年度发掘区域（红色标记）

发现特殊石制品

7 月 22 日，东北发掘区发现的 1 件石制品（图 2.202）引起了我的注意，它的特殊性主要表现在：一是与 2023 年发现的石器相比，尺寸比较小，长 8.61 厘米，宽 6.6 厘米，厚 3.64 厘米，2023 年发现的石器尺寸普遍比较大，这点给我留下了很深刻的印象；二是它的加工痕迹很清晰，原料是砾石，两面似龟背状，在一端同向加工形成一舌状尖，尖部有清晰的、浅平的修疤，持握端的一侧也有一个修疤，可能是为了方便持握；三是它的岩性初看与石英岩类似，因为当地没有石英岩这种原料，外来原料在遗址的出现使我们更倾向于认为是“巫山人”从遗址外带来的。发掘现场领队吴雁作了仔细观察，虽然后来通过放大镜观察确认它的原料为石灰岩，但也不能否定它的重要性，值得深入研究。

图2.202　以砾石为原料加工的石制品

9 月 25 日，南部西段发掘区域揭露出了 1 件巨大的石灰岩角砾，此前我一直关注它，因为环绕在它周围的都是小角砾，唯独它巨大，依靠自然营力不能做很合理的解释，有没有可能是“巫山人”特意放在这里的？这个念头一直在我脑海里，今天终于可以对它作近距离的观察。拍完原地埋藏的照片（图 2.203）之后，三位男士花了很大力气才把这件巨

图2.203　大石器出土于第2层与第3层之间的红圈位置

大的石头搬到修理平台（图 2.204 ~ 图 2.205）。随后两天我一直用小工具和毛刷清理附着在石头上的胶结物（图 2.206），清理过程伴随着兴奋和不可思议，兴奋的是我观察到了清晰且打击痕迹规律的刃部，不可思议的是它的尺寸如此巨大，重达 104 斤，古人类是如何拿着使用的，有没有一种可能是巨猿使用的？这是我的推测之一，还有另外一种推测是古人类加工出这件石器后，将它刃部朝上固定在地面，犹如砍砸型石墩（图 2.207），无论腿骨、头骨往上敲击都将断裂而且高效。为了不损坏该件标本，我们做了个支架，方便参观（图 2.208 ~ 图 2.209），对它的后续研究仍在继续。

图2.204　工人用布包住角砾搬运

图2.205　工人把角砾搬放在平台上

图2.206　我用毛刷清理角砾表面的泥土

a

b

图2.207　清理后的角砾——砍砸型石墩
a.顶视；b.侧视

图2.208　香港知名考古学家邓聪（右）看支架上的砍砸型石墩

图2.209　领队李英华博士观察支架上的砍砸型石墩

11 月，我又陆续在南部发掘区发现几件交互加工的石器，这几件石器的加工技术，发掘现场领队吴雁作了解读：有一定的规律性，首先在一端修理出单面凿结构，随后对这个结构进行交互加工形成波浪形刃缘，刃口均较圆钝（图 2.210 ~图 2.212）。

图2.210　交互加工的石制品
a.腹面；b.刃面

图2.211　修复后的形态
a.刃面；b.腹面

图2.212　交互加工的石制品

发现成堆的粪化石

8 月 30 日，东北发掘区域（图 2.213）发现了 3 件表面较粗糙的灰褐色“小石球”（图 2.214），拿在手里感觉沉甸甸的，在放大镜下观察，内部高度结晶，个别形态类似小骨头，此乃粪化石也。9 月底至 10 月初，东北发掘区又陆续出土成堆的粪化石，这对我而言，在多年的野外考察生涯中还是首次得见。与此同时向吴雁建议，如此成堆的粪化石实属罕见，化石揭露后不忙提取，原地保存，及时邀请中国科学院古脊椎动物与古人类研究所专门研究动物粪便化石的保罗・拉米（Paul Rummy）博士到龙骨坡遗址现场考察、研究。

图2.214　“小石球”

图2.213　遗址东北角发掘区

图2.215　保罗·拉米（Paul Rummy）博士在现场研究情景一

图2.216　保罗·拉米博士在现场研究情景二

11月初，马来西亚籍专门研究动物粪化石的保罗·拉米博士抵达龙骨坡遗址现场（图2.215），他目睹了成堆的粪化石后感到非常震惊！他说：“这种场景实属罕见。”经过反复的观察、测量（图2.216），最后鉴别出3种食肉类动物粪化石：锯齿虎（*Homohrium* sp.）、鬣狗（*Pachycrocuta* sp.）、豺（*Xenocyon* sp.）（图2.217）。数日后，保罗告诉我们，龙骨坡遗址出土的锯齿虎粪化石在亚洲地区属首次发现。

本年度发掘不断有所发现，在第6、8水平层还发现人类活动面（图2.218～图2.219），面上保存着成堆的骨骼，其中还有骨制品和石制品。

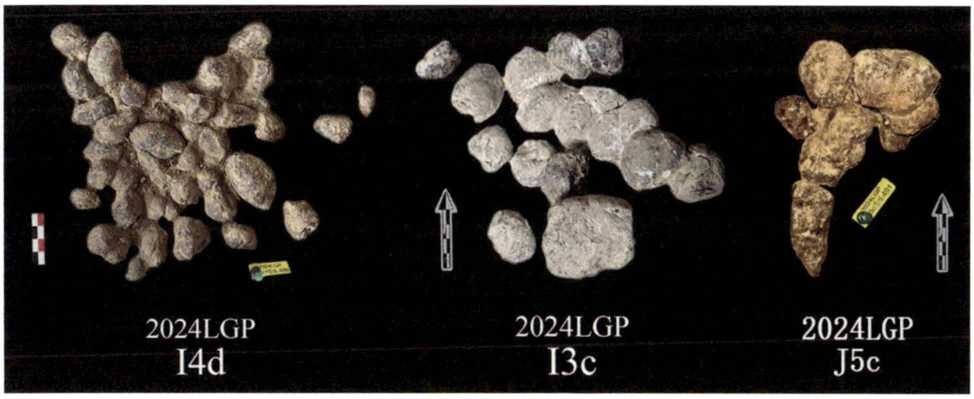

图2.217　豺（*Xenocyon* sp.）　鬣狗（*Pachycrocuta* sp.）　锯齿虎（*Homohrium* sp.）

图2.218　哺乳动物化石、石器和骨器共出的人类活动面（每一黄色标签代表一件遗物）

图2.219　为保护活动面遗物盖上玻璃罩

12 月底，发掘工作转入室内，因为出土时的石制品表面黏附着黏土而且部分材料还覆盖着钙质胶结，所以首先是修复，而后是清洗（图 2.220），再后是整理标本（图 2.221）、运输标本。

图2.220　清洗石制品

图2.221　整理标本

总的来说，我们结束了长达半年的发掘工作。此次发掘可称得上是历年发掘时长之最（182 天）。我们发掘团队在这里度过了炎热的夏天、凉爽的秋天和寒冷的冬天。提到冷和热，我们在南侧东段发掘区，揭露出了体现湿热和干冷交替的清晰地层剖面（图 2.222）和一幅已具雏形的东—西展示剖面（图 2.223），与此同时，在剖面中下部即第 8 水平层发现了人类活动面，保留了数量可观的石制品、骨制品、动物化石等，可谓收获满满。但我们也留有遗憾，渴望寻找的古人类和巨猿化石未见踪影，我们希望全面揭露人类活动面的工作未能完成……收获和遗憾都终将化为我们深入开展龙骨坡遗址再发掘、再研究的动力（图 2.224）。

图2.222　湿热和干冷交替的清晰地层剖面

图2.223　一幅完好的展示剖面将展现在参观者面前

图2.224　部分队员合影

结语

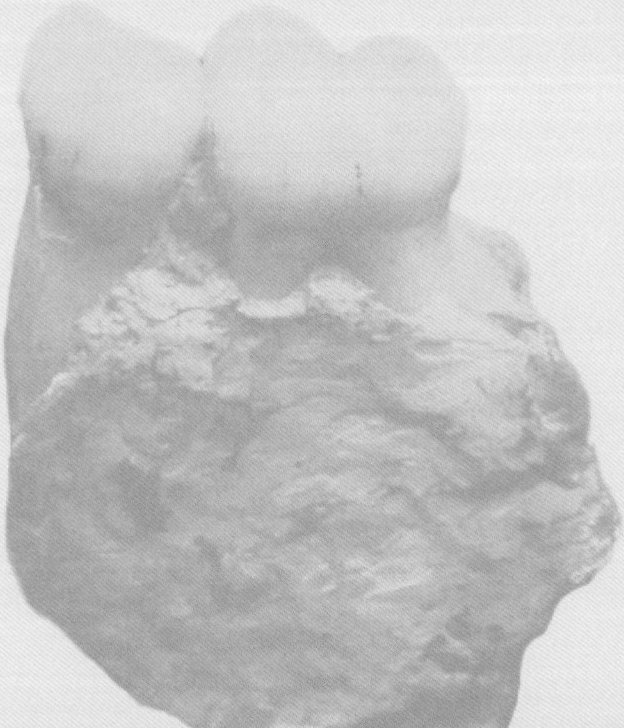

一

重庆巫山龙骨坡遗址从 1985 年开始发掘，至今恰好 40 周年。40 年来，一代代考古人因为遗址而相聚，我们协作互助、相互交流，共同努力，让遗址的面貌越来越清晰地呈现在大家面前。

遗址发掘的初始阶段是从寻找脊椎动物化石开始的，自发现巨猿化石才开始按照《田野考古操作规程（试行）》进入系统有序的发掘。从五轮发掘的记录和图片的展示，我们大体可以了解龙骨坡的发现、发掘及其现状。

▶ 入冬以来，阴雨绵绵，好不容易的大晴天，大伙坐在“巫山人”下颌骨发现石碑旁相谈甚欢。

二

几十年来，龙骨坡遗址发掘出土物诸如人类化石、石制品、动物群以及年代学、环境学等诸方面的研究都取得了显著的成果，这些成果大体可以概括为如下几个方面：

第一，通过五轮发掘与地质背景研究，我们已经知道，200 万年前龙骨坡周围是一个完全封闭的喀斯特盆地，基岩为三叠纪嘉陵江灰岩，面积 144 平方千米，有沼泽、有草地，植被以常绿阔叶林为主，山区有森林覆盖。气候温暖湿润，其间有短暂的冷热变化。

第二，五轮发掘已经确定了龙骨坡遗址是一个溶洞，堆积地层依其岩性区分为三个地层单元：上部为洞顶塌落岩块，厚度 8 米；中部为棕褐色岩溶型黏土夹灰岩角砾、卵石，含人类化石、脊椎动物化石和石器，厚度 13 米；下部为半成岩砂质黏土，厚度 7 米。由于构造运动的影响，整套地层出现断裂、滑动，向北东倾斜。

第三，通过五轮发掘，我们可知“巫山人”进住龙骨坡溶洞之前为食肉类动物诸如锯齿虎（*Homohrium* sp.）、鬣狗（*Pachycrocuta* sp.）、豺（*Xenocyon* sp.）等的栖息地，这些动物遗留了大量粪便化石，其中锯齿虎粪化石在亚洲属首次发现。

第四，通过五轮发掘，我们发现，“巫山人”在龙骨坡生息期间，在 13 层堆积中留下大量遗物，出土脊椎动物化石 122 种，其中哺乳动物化石 118 种，在这个动物群组合中，超过 50% 的哺乳动物为上新世至早更新世属种，诸如低冠竹鼠（*Rhizomys brachyrhizomyoides*）、锯齿虎（*Homotherium* sp.）、乳齿象（*Sinomastodon yangziensis*）、祖鹿（*Cervavitus ultimus*），等等，由此可见，“龙骨坡动物群”具有早更新世早期的特点，也具有浓厚的上新世色彩，相当于欧洲的中维拉方期，处于古地磁年表的高斯—松山界线（248 万年）。

第五，五轮发掘采集超过 3000 件石制品，自第 2 水平层至第 13 水平层均有分布，且集中在 18 个文化层。换言之，自上而下的 13 米堆积地层里几乎都有人类活动过，因而留下了他们的生产、生活工具——石器。这些石器表现在制作技巧上手法粗犷，有相对固定的打制模式，以实用的砍砸器居首。

第六，五轮发掘中最引人入胜的是在 13 米堆积中自下而上出现 4 个人类活动面，每隔 2 ~ 2.5 米出现一个。其上堆积着大量动物骨骼、石器和骨器。值得一提的是最上一个活动面，在 8 平方米面积内发掘出了大批动物肢骨，分别属于象（*Stegodon* sp.）、牛（*Bibos* sp.）、鹿（*Cervus* sp.）、麂（*Metacervulus* sp.）等食草动物的前肢和后肢，数量多达 40 节，近 10 个个体，其中以老年和幼年者居多。所有骨体的外部结构未见食肉动物的咬啃痕迹或流水的冲蚀痕迹。反之，骨体外部展示的是人工的砍砸痕迹。在这些肢骨的周边还保存着若干件石制品。基于如此埋藏产状，我认为，只有“巫山人”才能创造出这样的奇迹。

第七，回溯历史长河中的某一时段，他们走进了一个以如上述全封闭的喀斯特盆地和湿地、灌丛、森林交织的特定环境中，萌生了思维，开创了全新的技能，从依赖天然工具获取物质生活资料发展到了依赖自制的石器进行生产劳动获取物质生活资料，不言而喻，“巫山人”就是“龙骨坡文化”的主人。他们至少从 200 万年前就已在长江三峡繁衍生息，其生存行为非常连续，达数十万年。

据迄今的信息，分布在世界各地的超过或接近 200 万年的旧石器时代遗址计有：

重庆巫山龙骨坡（250 万—200 万年）；

山西西侯渡（243 万—140 万年）；

安徽繁昌人字洞（220 万—200 万年）；

陕西蓝田上陈（212 万—163 万年）；

广西么会洞（195 万—178 万年）；

肯尼亚 Nyayangn（179 万—165 万年）；

云南元谋大那乌 (170 万年)；

湖北建始龙骨洞（150 万—100 万年）等。

这些地点出土的遗物，是否均包含人化石、石制品和动物群？经过对比，重庆巫山龙骨坡不仅三者皆有之，而且层位清楚、时代可靠、内涵丰富。由此折射出，龙骨坡遗址是迄今亚洲时代最早、内涵最丰富的古人类遗址。“巫山人”标本，是迄今东亚地区时代最早的古人类化石。

综观之，龙骨坡遗址的发现与发掘是 40 年来东亚古人类、古文化研究领域的一项重大突破，在人类起源与旧石器考古研究领域具有深远的历史意义。

即将结束本书之叙述，不妨再刊两幅十分有趣的图片。

鬼斧神工之作——“猿人头像”

◀位于龙骨坡遗址后山的“猿人头像”，处于北纬30°至31°之间。“北纬30°”是一条人为画定的地理纬度线，但在不少人心目中却是一条神秘的纬线，“猿人头像”也许是这一神秘纬线上的鬼斧神工之作吧！

▼“巫山人”狩猎归来（《远祖之谜》纪录片在龙骨坡西洞口拍摄场景之一）。

三

本图鉴的图片来自五轮发掘拍摄的收藏品，经我精心整理、编辑和同仁的协助而后定稿。笔者要向参加五轮发掘的郑绍华、计宏详、顾玉珉、刘金毅、赵凌霞、杨石霞、张立民、曾清华、霍玉龙、鲍永平、李功卓、陈德旺、徐自强、长绍武、方其仁、钟志楷、杨代环、杨兴隆、李宣民、曹幼枢、张联敏、廖渝方、罗志洪、唐志林、陈少坤、贺存定、秦利、张小虎、刘华成、赵雄伟、傅裕、胡鑫、李磊、韩非、韦璇、王腾飞、陈彦伊、岑卉、黄先锋、牛文渊、李康康、袁增箭、张雯靖、曾晨茹、刘文丹、张湘珞、娄文台、全永涛、齐海燕、张彤、黄曼琛、柳华霖、谢君绮、龙文银、张真龙、刘光彩、张玉清、唐惠普、裴健、雷庭军、Eric Boëda、Michel Rasse、Christophe Griggo、Roxane Rocca、Josette Sarel、Erika Bodin、Frédéric Bernard、Axel Daussy 等表示最诚挚的谢意。

这里，还要感谢重庆中国三峡博物馆、重庆自然博物馆、巫山县文旅委、巫山博物馆和武汉大学历史学院对图鉴编写工作给予的大力支持，增强了我们克服困难的信心。也感谢为此图鉴作出贡献的人员和所有关心帮助该遗址发现、发掘、研究的领导、同行，最终能如期付梓是大家共同的功劳。

《重庆巫山龙骨坡遗址图鉴：发现·发掘·解析》的定稿，与巫山县庙宇镇政府和新城村工人在五轮发掘中给予的辛勤付出与热情帮助密不可分，笔者在此表示真挚的感谢。

由于时间紧迫，有相当一部分图片系由胶片转换而成，故清晰度较差，而且书中一些见解和叙述难免有不当或遗漏之处，如能蒙海内外读者不吝赐教，不胜感谢！

书中部分插图由向朝军先生和刘光彩女士绘制，外文摘要由陈少坤、黄汉申、陈彦伊撰写和校对，正文和图由韦璇进行校对，武汉大学出版社李程编辑在图鉴编审、校对及出版程序方面付出了大量心力，在此也向他们表达由衷的谢意！